영어
첫걸음
GO!

30일 완성

KakaoTalk
ⓟ 플러스친구
1:1상담

영어 배우기
출발~

□ Digis

디지스 영어

카카오플러스에서 1:1 상담으로 함께 공부하세요!

친구추가는 이렇게 하세요!

카카오톡 실행

안드로이드에서 상단 돋보기
아이폰에서 상단 검색창 터치

검색창에서 ID입력
또는 QR 코드 스캔

더 이상 쉽고 간단할 수 없다!
알파벳 발음 부터 시작하는 기초 영어!

5살 꼬마부터 100세 어르신까지…
누구나 겁내지 않고 도전할 수 있는 영어 첫걸음

이 책은 우리말이 ㄱ, ㄴ, ㄷ부터 시작하듯이 알파벳 a, b, c부터 시작한다.
원어민의 발음을 느리게, 보통으로, 빠르게 속도를 따로따로 녹음해서, 듣고 따라
하며 반복해서 연습할 수 있도록 하였다. 어느 순간 영어의 귀가 뻥 뚫릴 수 있도록!

이 책의 전체적인 구성은 크게 2개의 Part로 나뉜다.
Part 1 은 영어를 시작하는 사람을 위한 **기본적인 회화**, part 2 는 실제 생활에서
사용할 수 있는 상황별 대화문으로 구성되었다.

그리고 각 파트는 Section섹션 (Part1 8장, Part2 13장)으로 나뉜다.

각각의 섹션에 있는 word club 에서는 단어를, warming up 에서는 어구
중심의 해설을 하였다.

한번에 써먹는 영어표현 1, 2, 3 에서는 본문 속의 핵심 표현 3가지를 나타내었다.
회화에 필요한 알짜 문법 에서는 문법이라고 하기에는 어색할 정도로 가장 기초적인
설명을 곁들여 회화에 꼭 필요한 문법을 이해할 수 있도록 하였다.

혼자서도 손쉽게 영어의 기초를 다지도록 하고 원어민이 녹음한 MP3를 통해서 영어
의 발음과 억양을 익히기를 바란다.

★ Contents

Part I   기본회화

발음 Pronunciation

- 알파벳 (Alphabet)
- 발음연습 모음
- 발음연습 자음

알파벳 Alphabet

A a   [ei] 에이

B b   [bi:] 비

C c   [si:] 씨–

D d   [di:] 디–

E e   [i:] 이–

F f   [ef] 에프

G g   [dʒi:] 쥐

H h   [eitʃ] 에이취

I i   [ai] 아이

J j   [dʒei] 제이

K k   [kei] 케이

L l   [el] 엘

M m	[em] 엠	T t	[ti:] 티―
N n	[en] 엔	U u	[ju:] 유―
O o	[ou] 오우	V v	[vi:] 비―
P p	[pi:] 피―	W w	[dʌ́blju:] 더블유
Q q	[kju:] 큐―	X x	[eks] 엑스
R r	[aər] 아얼	Y y	[wai] 와이
S s	[es] 에스	Z z	[zi:] 지―

발음연습 모음

[ɑ] 아

입을 크게 벌리고 아래턱을 아래로 확실히 떨군다. 목구멍 깊은 곳에서부터 『아』하고 소리낸다.

copy	hot	shop	top
복사	뜨거운	가게	꼭대기

[æ] 애

우리말 『애』와 비슷하나, 아래턱을 목 쪽으로 당겨 입을 크게 벌리고 발음한다.

add	bag	cat	gas
더하다	가방	고양이	기체

[e] 에

우리말 『에』에 가깝게 소리낸다.

bed	get	pen	red
침대	얻다	펜	붉은

[i] 이

우리말 『이』의 발음을 『에』에 가깝게 소리낸다.

big	city	give	sit
큰	도시	주다	앉다

[ɔ]   오

입술을 둥글게 하고, 목구멍 깊은 곳에서부터 『오』와 『아』의 중간 소리를 낸다.

ball	dog	lawn	salt
공	개	잔디	소금

[u]   우

입술을 둥그렇게 하고 『오』의 입모양으로 『우』라는 느낌으로 소리낸다.

book	foot	look	put
책	발	보다	놓다

[ʌ]   어

입을 조금만 벌린다. 낮은 음성으로 『오』의 음이 들어간 『아』를 발음한다. 『어』처럼 들린다.

bus	cut	lunch	money
버스	자르다	점심	돈

[ə]   어

입을 조금만 열고 힘을 뺀 상태에서, 약하게 『어』라고 한다.

alone	melon	pilot	sofa
홀로	메론	조종사	소파

11

발음연습 자음

1 [b] / [v]

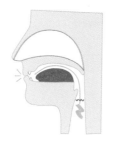

[b] 양입술을 꼭 다물었다가 성대를 울리면서 우리말 『브』에 가깝게 공기를 한번에 내뱉는다.

bat	best	boat
야구배트	가장 좋은	배

vat	vest	vote
큰 통	조끼	투표

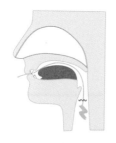

[v] 윗니로 아랫입술을 살짝 물고 그 사이로 공기를 통과시키면서 성대를 울린다. 『브』와 약간 비슷한 소리가 난다.

2 [h] / [f]

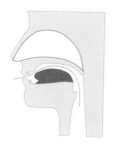

hair	hall	hind
머리털	집회장	뒤쪽의

fair	fall	find
공정한	떨어지다	발견하다

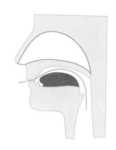

[h] 목구멍과 입을 열고 『흐!흐!』하면서 숨을 내보낼 때 나는 소리이다.

[f] 윗니로 아랫입술을 살짝 문 상태에서, 이 사이로 공기를 통과시킨다. 『ㅎ』과 『ㅍ』중간 정도의 소리가 난다.

③ [l] / [r]

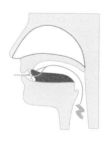

[l] 혀끝을 치경부위에 대고 혀 양쪽에서 공기를 통과 시킨다. 『랄랄라』를 발음 할 때와 비슷한 소리가 난다.

lace	lice	light
끈	벼룩	빛

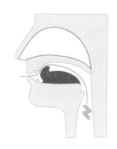

race	rice	right
경주	쌀	올바른

[r] 입을 약간 벌리고 혀끝을 위로 감아올린 채 『르』 소리를 낸다. 혀끝이 입천장에 닿지 않게 한다.

발음연습 자음

4 [m] / [n]

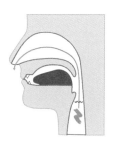

[m] 양 입술을 다물고 있으면서 성대를 울리면서 『므』의 느낌으로 소리낸다. 공기가 코를 빠져나가도록 한다. 우리말의 『ㅁ』에 해당한다.

meat	mine	some
고기	나의 것	약간의

neat	nine	sun
산뜻한	9	태양

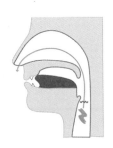

[n] 입을 벌리고 혀끝을 윗니 안쪽에 대고 『느』의 느낌이 나도록 소리낸다. 이 때 공기는 코를 통해 빠져나간다. 우리말의 『ㄴ』에 해당한다.

5 [s] / [z]

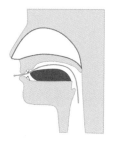

bus	loose	rice
버스	풀린	쌀

buzz	lose	rise
웅성대다	잃다	오르다

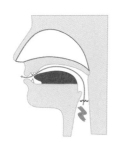

[s] 입술은 양옆으로 벌리고 치아를 다문 채, 소리는 내지 않고 공기만 내쉰다.
우리말의 『스』와 비슷한 소리가 난다.

[z] S와 비슷하게 발음하되, 성대를 울린다.
우리말의 『즈』와 비슷한 소리가 난다.

6 [θ] / [ð]

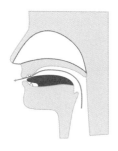

[θ] 『메롱』할 때처럼 혀의 앞을 두 치아사이에 살짝 넣은 상태에서, 공기를 억지로 통과시킨다. 이 때 성대는 울리지 않는다. 우리말의 『스』와 비슷한 소리가 난다.

bath	breath	thank
목욕	호흡	감사하다

bathe	breathe	than
목욕시키다	숨쉬다	~보다

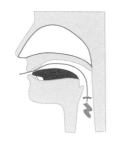

[ð] θ와 똑같은 입모양으로 성대만 더 울리게 한다.
우리말의 『드』와 유사하지만, 저음이다.

PART I

- 본문 DIALOGUE 1·2
- 한번에 써먹는 영어표현 1 2 3
- 회화에 필요한 알짜문법

만나서 반갑습니다.

Nice to meet you. [나이스 투 미츄]

DIALOGUE 1 누군가를 만났을 때 어떻게 인사하는지 알아보자.

Excuse me. Are you Tom? [익스큐즈 미. 알 유 탐]

No. I'm Brown. [노. 아임 브라운]

Are you Tom's friend? [알 유 탐스 프렌드?]

Yes, I am. [예스. 아이 엠]

Nice to meet you. I'm Grace. [나이스 투 미츄. 아임 그레이스]

Nice to meet you, too. [나이스 투 미츄, 투]

해석

그레이스	실례합니다. 당신이 탐인가요?
브라운	아닙니다. 저는 브라운입니다.
그레이스	탐의 친구시죠?
브라운	네.
그레이스	만나서 반갑습니다. 저는 그레이스입니다.
브라운	저도 만나서 반갑습니다.

word club

★ **excuse** [익스큐즈]   용서하다
★ **I'm** [아임]   I am의 단축형
★ **Tom's** [탐스]   탐의

★ **friend** [프렌드]   친구
★ **nice** [나이스]   친절한
★ **meet** [밋]   만나다

warming up

☐ **Tom's friend** 탐스 프렌드   탐의 친구

Hello, Grace! [헬로우. 그레이스]

Hello. How are you? [헬로우. 하우 알 유]

Fine. I heard of your mother. [파인. 아이 헐드 오뷰얼 마덜]
How's your mother now? [하우즈 유얼 마덜 나우]

She is in the hospital. [쉬 이즈 인 더 하스피틀]
But she is getting better. [벗 쉬 이즈 게링 베럴]

대단!

양쪽팔 기브스하시고
아령 운동하셔!

해석

탐	안녕, 그레이스!
그레이스	안녕. **어떻게 지내니?**
탐	잘 지내. 네 어머니 소식 들었어. 지금은 좀 어떠시니?
그레이스	병원에 입원 중이란다. 하지만 점점 좋아지고 계셔.

word club

* how [하우]   어떻게
* fine [파인]   좋은
* hear [히얼]   듣다
* mother [마덜]   어머니

* now [나우]   지금
* hospital [하스피를]   병원
* better [베럴]   더 나은

warming up

☐ heard of your mother 헐드 오뷰얼 마덜   너의 엄마 소식을 들었다

☐ She is getting better. 쉬 이즈 게링 베럴   그녀는 점차 나아지고 있어.

• get better 겟 베럴 더 좋아지다

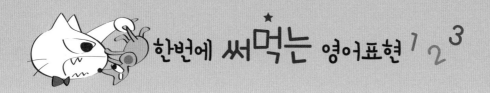

1 Excuse me. 익스큐즈 미   실례합니다.

★ 상대방에게 말을 걸 때 사용하는 표현으로, **방해해서 미안하다**는 뜻이다.

예 A : Excuse me.   실례합니다.

How can I get to the City Bank?   시티은행은 어떻게 가야 하나요?

B : Go straight.   곧장 가시면 됩니다.

2 Nice to meet you. 나이스 투 미츄   만나서 반갑습니다.

★ 처음 만난 사람일 경우, **만나서 기쁘다**는 뜻으로 사용한다.

예 A : Hi! I'm John.   안녕! 난 존이야.

Nice to meet you.   만나서 반갑다.

B : Nice to meet you, John.   만나서 반가워, 존.

I'm Dana.   난 다나야.

3 How are you? 하우 알 유   어떻게 지내세요?

Hello!
Good morning! (evening, night)

만나자마자 하는 인사

★ 만나자마자 하는 인사가 보통 Hello나 Good morning 아침 (evening 저녁, night 밤)이다. 그 이후에 바로 이어지는 말로 How are you?를 사용한다.

예 A : Hello, Susan*!*   안녕. 수잔!

     B : Hello! How are you?   안녕! 어떻게 지내니?

     A : Fine.   잘 지내.

아... 안녕? ㅠ·ㅠ

일반적으로 문장 구성은 다음과 같다.

문장 = 주어 + 동사 + 나머지 부분

누가　　　~이다/~하다　　　
　　　　　(~)에 있다

다음의 문장들을 하나씩 살펴보자.

1 **I'm Brown.**　　　　　　　　　　나는 브라운입니다.

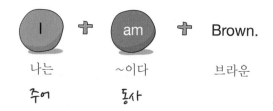

I + am + Brown.

나는　　　~이다　　　브라운

주어　　　동사

2 **She is in the hospital.**　　　　그녀는 입원 중이다.

She + is + in the hospital.

그녀는　　　(~에)있다　　　병원 안에

> be동사는 주어가 무엇이냐에
> 따라서 변한다.

I am ~ 나는 ~이다

예 I am a doctor.   나는 의사이다.

It is ~ 그것은 ~이다

예 It is a desk.   그것은 책상이다.

They are ~ 그(것)들은 ~이다

예 They are desks.   그것들은 책상이다.

기억해 두자!
문장은 주어+동사
순서로 쓴다.

어디에서 사십니까?

Where do you live? [웨얼 두 유 리브?]

DIALOGUE 1 상대방에 대해서 궁금한 점이 있을 때, 어떻게 묻고 답하는지 한 번 알아보자.

What's your name? [왓츠 유얼 네임]

My name is Mark Twain. [마이 네임 이즈 마크 트웨인]

Where do you live? [웨얼 두 유 리브]

I live in L.A. [아이 리빈 엘에이]

What language do you speak? [왓 랭귀지 두 유 스픽]

I speak English. [아이 스픽 잉글리쉬]

해석

경관	이름이 뭐죠?
마크	내 이름은 마크 트웨인입니다.
경관	어디에(서) 삽니까?
마크	로스엔젤레스에 삽니다.
경관	어떤 언어를 사용하십니까?
마크	영어를 씁니다.

word club

- ★ **what** [왓] 무엇
- ★ **name** [네임] 이름
- ★ **where** [웨얼] 어디서
- ★ **live** [리브] 살다

- ★ **language** [랭귀지] 언어, 말
- ★ **speak** [스픽] 말하다
- ★ **English** [잉글리쉬] 영어/영어의

warming up

☐ **live in L.A.** 리빈 엘에이 로스엔젤레스(Los Angeles)에서 살다

Where are you from? [웨얼 아 유 프럼]

I'm from Toronto. [아임 프럼 토론토]

What's your phone number? [왓츠 유얼 포운 넘벌]

My phone number is 345-6789.
[마이 포운 넘벌 이즈 뜨리포파이브 식스세븐에잇나인]

What's your license number? [왓츠 유어 라이슨스 넘벌]

My license number is 123456.
[마이 라이슨스 넘벌 이즈 원투뜨리포퐈이브식스]

해석

경관	어디서 오셨습니까?
리차드	토론토에서 왔습니다.
경관	전화 번호는 어떻게 됩니까?
리차드	전화 번호는 345–6789입니다.
경관	자동차 번호는 어떻게 됩니까?
리차드	번호는 123456입니다.

word club

* **phone** [포운]　　전화
* **number** [넘벌]　　번호
* **license** [라이슨스]　면허(장)

warming up

☐ **my phone number** 마이 포운 넘벌　내 전화번호

로스엔젤레스 씨티홀

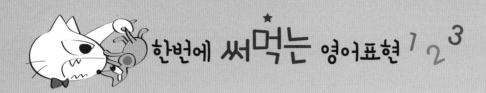
1 What's your name? 왓츠 유얼 네임　　　　　　　　이름이 뭐니?

what's ≡ what is

your name 너의 이름

★ 영어에서는 you 한 가지로 너, 당신을 모두 나타내므로, 친구에게나 손위사람
에게 모두 사용할 수 있다.

예 You are so beautiful. ── 너 정말 예쁘구나.
　　　　　　　　　　　 └── 당신은 너무나 아름답습니다.

2 Where do you live? 웨얼 두 유 리브   어디에(서) 삽니까?

★ 현재 살고 있는 곳을 묻는 표현이다.

질문 대상이 있을 경우, 그 질문대상 [어디에-where 등]을 문장 제일 처음에 둔다. 다음의 것들을 질문할 수 있다.

Who	When	Where	how	why
누가	언제	어디에(서)	어떻게	왜

예   Who are you?   당신은 누구십니까?

When can you come?   넌 언제 올 수 있니?

3 Where are you from? 웨얼 아 유 프럼   어디서 오셨습니까?

are(am/is) from~ ~출신이다

★ 고향(출신)을 묻는 표현이다.

예   Phil is from Seoul, Korea.   필은 한국의 서울 출신이다.

대명사에는 인칭이 있다.

나/우리	너/너희들	그/그들
1인칭	2인칭	3인칭

대명사의 인칭에 따라 동사 형태가 변한다.

다음은 be라는 하나의 동사가 여러 가지의 형태로 변화하는 것을 보여준다.

또한, 동사에는 시제가 있다.

	주어			~이다/~(에) 있다 be동사		
				현재	과거	미래
1인칭	나 단수	I	아이	am 엠	was 워즈	
	우리 복수	we	위	are 아	were 워	
2인칭	너 단수	you	유	are 아	were 워	will be 월 비
	너희들 복수					
3인칭	그	he	히			
	그녀 단수	she	쉬	is 이즈	was 워즈	
	그것	it	잇			
	그들 복수	they	데이	are 아	were 워	

기억해 두자!

주어에 따라 be동사
형태가 변한다.
『I am~, You are~
She/He is~
They are~』

1 **주어에 따른 변화** (현재 일어나는 일)

> 예 **I am** a student.　　나는 학생이다.
>
> **You are** a student.　　너는 학생이다.
>
> **He is** a student.　　그는 학생이다.

2 **시제에 따른 변화**

> 현재 **I am** a student.　　나는 학생이다.
>
> 과거 **I was** a student.　　나는 학생이었다.
>
> 미래 **I will be** a student.　　나는 학생이 될 것이다.

그 때 보자.

See you then. [씨 유 덴]

DIALOGUE 1 헤어질 때에는 다음번의 만남을 기약할 때가 많다. See you [씨 유], Good to see you [굿 투 씨 유] 등의 표현을 사용한다.

Would you like to come to my house?
[우쥬 라익 투 컴 투 마이 하우스]

Well... When? [웰... 웬]

At noon this Saturday. [엣 누운 디스 쎄러데이]
I'll wait for you in the bookstore. [아윌 웨잇 포 유 인 더 북스토얼]

All right. See you then. [오롸이트. 씨 유 덴]

34

헤어질 때

해석

그레이스	우리 집으로 오지 않을래?
닉	글쎄... 언제?
그레이스	이번 주 토요일 정오거든. 서점에서 널 기다리고 있을께.
닉	알았어. 그 때 보자.

word club

* **come** [컴]   오다
* **house** [하우스]   집
* **well** [웰]   글쎄
* **noon** [누운]   정오, 한낮

* **wait** [웨잇]   기다리다
* **bookstore** [북스토얼]   서점
* **see** [씨]   보다

☐ **would like to + 동사원형** ~하고 싶어하다
　　우쥬 라익 투

☐ **all right** 오롸이트 좋아, 그래 〈긍정의 대답〉
　　　　　　　아주 좋은, 훌륭한

Can you stay a little longer? [캔 유 스테이 어 리를 롱걸]

Well, I must go home now. [웰, 아이 머스트 고 홈 나우]

We enjoyed having you. [위 인조이드 해빙 유]

Dinner was very delicious. [디널 워즈 베리 딜리셔스]

Come again. Good-bye. [컴 어게인. 굿바이]

Thank you. Good-bye. [땡큐. 굿바이]

가야하는데...

36

해석

그레이스	좀 더 있다 가지 그래?
지미	글쎄, 지금 집에 가야 돼.
그레이스	와 줘서 고마워.
지미	저녁 너무 맛있었어.
그레이스	또 놀러 와. 잘 가.
지미	고마워. 잘 가.

word club

- **stay** [스테이] 머무르다
- **longer** [롱걸] 더 긴
- **home** [홈] 집으로 / 집
- **enjoy** [인조이] 즐기다

- **have dinner** [해브 디너] 저녁을 먹다
- **delicious** [딜리셔스] 맛있는
- **again** [어게인] 다시
- **good** [굿] 좋은

warming up

☐ **a little longer** 어 리를 롱걸   조금 더 긴

☐ **enjoy having you** 인조이 해빙 유   너와 함께 있어서 즐겁다

• 직역하면 **너를 가져서 기쁘다** 이므로, 즉 **너와 함께 있어서 즐겁다** 로 해석된다.

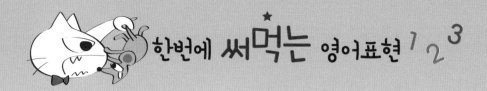

---

1 **See you then.** 씨 유 덴   그 때 보자.

See you then. = Good-bye! = Bye!

★ 다음의 만남을 기약할 때 사용한다. Good-bye!나 Bye!와 비슷하다.

---

2 **I must go home now.** 아이 머스트 고 홈 나우   나 지금 집에 가야 돼.

I must ~해야 한다 (필연성을 나타낼 때 사용한다.)

You must study English.   너는 영어공부를 해야 한다.

3 We enjoyed having you. 위 인조이드 해빙 유　함께 있어서 즐거웠어요.

enjoy　~을 즐기다

★ 같이 시간을 보내고 헤어질 때, 이런 표현을 한다.

> 예 I enjoy comic books.　나는 만화책을 즐긴다.
>
> Do you enjoy reading?　너는 독서를 좋아하니?

have　가지다/먹다/시키다 (다양한 뜻이 있다.)

- 가지다　I have many friends.　난 많은 친구가 있다.
- 먹다　I have breakfast.　난 아침을 먹는다.
- 시키다　I had him stay.　나는 그에게 그냥 있으라고 시켰다.

동사는 다음의 세 가지 시제가 있다.

동사원형	과거	과거분사
listen	listened	listened

현재	I **listen** to music.	나는 음악을 듣는다.
과거	I **listened** to music.	나는 음악을 들었다.
과거분사	I **have listened** to music.	나는 음악을 들어오고 있다.

과거 분사는 『have 다음』에 쓰일 때가 많다. -『(과거부터 현재까지 계속) ~해오고 있다』

기본 규칙은 다음과 같다.

1 기본 : 원형에 ed를 붙인다

> 예 부르다 ⟹ call - call**ed** - call**ed**
>
> 보여주다 ⟹ show - show**ed** - show**ed**

2 e로 끝날 때 : 원형에 d를 붙인다

> 예 좋아하다 ⟹ lik**e** - like**d** - like**d**
>
> 살다 ⟹ liv**e** - live**d** - live**d**

3 자음 + y로 끝날 때 : y를 i로 바꾸고, ed붙임

> 예 공부하다 ⟹ stud**y** - stud**ied** - stud**ied**
>
> 노력하다 ⟹ tr**y** - tr**ied** - tr**ied**

04 어떤 일을 하세요?

What do you do? [왓 두 유 두?]

DIALOGUE 1 직업은 자기를 드러내는 대표적인 수단이다.
직업에 대해 질문하고, 소개할 때 사용하는 표현에 대해 알아보자.

What do you do? [왓 두 유 두]

I'm an English teacher. [아임 언 잉글리쉬 티쳘]

How much do you like your work?
[하우 머춰 두 유 라익 유얼 월크]

It's not easy but very exciting. [잇츠 낫 이지 벗 베뤼 익싸이링]
How about you? [하우 어바웃 유]

I'm a salesperson. [아임 어 쎄일즈펄슨]

내 직업은 뱀 죠련사~

해석

브라운	어떤 일을 하십니까?
그레이스	저는 영어 선생님입니다.
브라운	당신의 일을 얼마나 좋아하세요?
그레이스	쉽지는 않지만, 아주 흥미롭습니다. 당신은 어떠세요?
브라운	저는 판매사원입니다.

word club

* **teacher** [티쳐] 선생님
* **work** [월크] 일, 작업
* **easy** [이지] 쉬운
* **exciting** [익싸이링] 흥분시키는
* **salesperson** [쎄일즈펄슨] 판매원

warming up

잇츠 낫 이지, 벗 베뤼 익사이링
☐ It's not easy but very exciting. 그것은 쉽지 않지만 매우 흥미롭다.

• but은 내용이 반전될 때 사용한다.

43

What do you do? [왓 두 유 두]

I'm a computer engineer. [아임 어 컴퓨럴 엔지니얼]

That must be nice. [댓 머스트 비 나이스]
What are your hours? [와랄 유얼 아우얼스]

Monday to Friday, from nine to six.
[먼데이 투 프라이데이, 프럼 나인 투 식스]

Do you like your job? [두 유 라익 유얼 좝]

Yes. It's very exciting. [예스, 잇츠 베뤼 익싸이링]

해석

브라운	직업이 뭐예요?
그레이스	컴퓨터 엔지니어랍니다.
브라운	좋을 것 같군요. 근무 시간이 어떻게 되지요?
그레이스	월요일부터 금요일까지이고, 아홉 시부터 여섯 시까지입니다.
브라운	당신의 일을 좋아하십니까?
그레이스	네. 아주 흥미로운 일이죠.

word club

★ **computer** (컴퓨럴) 컴퓨터
★ **engineer** (엔지니열) 기술자

★ **hour** (아우얼) 시간
★ **job** (잡) 일, 직업

먼데이 투 프라이데이, 프럼 나인 투 식스
☐ Monday to Friday, from nine to six 월요일부터 금요일까지, 아홉 시부터 여섯 시까지

• A to B (= from A to B) 〈A 부터 B까지〉

☐ must 머스트 는 다음의 2가지 뜻이 있다.

•〈∼해야 한다〉 **You must do the homework.** 유 머스트 두 더 홈월크 너는 숙제를 해야 한다.

•〈∼임에 틀림없다〉 **He must be sick.** 히 머스트 비 식 그는 아픈 것임에 틀림없다.

45

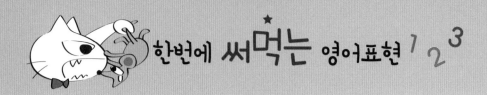
1 What do you do? 왓 두 유 두   어떤 일을 하세요?

★ 「직업」을 묻는 표현이다. 대표적인 직업은 다음과 같다.

사업가	businessman	교수	professor
언론인	journalist	기술자	engineer
법률가	lawyer	기자	reporter
디자이너	designer	주부	housewife
음악가	musician	영업사원	salesman
간호사	nurse	운전사	driver

2 What are your hours? 와랄 유얼 아우얼즈   당신의 근무시간은 어떻습니까?

what 대상, 물건   how 방법, 상태

★ 「대상, 물건」을 질문할 때는 what을 쓰고, how는 「방법, 상태」를 질문할 때 사용한다.

방법 How can I go there?   내가 어떻게 그리로 갈 수 있을까?

상태 How are you going?   어떻게 지내니?

3 **Do you like your job?** 두 유 라익 유얼 좝   당신의 직업을 좋아하십니까?

★wh-나 how로 시작되지 않는 질문은 네/아니오(yes/no)의 대답을 기대한다.

wh-/how로 시작되지 않는 질문 ⇒ yes/no
대답

예 Do you like dogs?　　　너는 개를 좋아하니?

　　→ Yes, I do.　　　　　네, 그래요.(좋아해요)

　　→ No, I don't.　　　　아니오, 그렇지 않아요.(좋아하지 않아요)

질문할 때에는 문장을 다음과 같이 변형시킨다.
문장의 순서는 다음과 같다.

1 be동사 (am/are/is)를 가진 의문문

『be동사』를 맨 앞으로 보낸다.

(예) 너는 영어 선생님이다.　　**You are** an English teacher.

너는 영어 선생님이니?　　**Are you** an English teacher?

→ 네.　　　　　　　　　　Yes, I am.

→ 아니오.　　　　　　　　No, I am not.

기억해 두자!

질문할 때에는 be동사
가 문장의 앞으로
온다는 사실을.

2 이 외 'do'를 사용한다.

Do/Does ✚ 주어 ✚ 동사원형 ✚ (나머지) ?

예 너는 학생들을 가르**친다**. **You teach** students.

너는 학생들을 가르**치니?** **Do you teach** students?

→ 네. Yes, I do.

→ 아니오. No, I don't.

제 소개를 할께요.

Let me introduce myself. [렛 미 인트로듀스 마이셀프]

DIALOGUE 1 처음 만난 사람일 경우, 자신을 어떻게 소개하는지에 대해서 알아보자.

Let me introduce myself. I'm Bob.
[렛 미 인트로듀스 마이셀프. 아임 밥]

Nice to meet you, Bob. I'm Grace.
[나이스 투 미츄. 밥. 아임 그레이스]

Glad to meet you, Grace. This is Paul.
[글래드 투 미츄, 그레이스. 디스 이즈 폴]

I'm glad to know you, Grace.
[아임 글래드 투 노유, 그레이스]

Same here, Paul. [쎄임 히얼, 폴]

50

해석

밥	제 소개를 하겠습니다. 저는 밥입니다.
그레이스	만나 뵙게 되어서 반갑습니다, 밥. 저는 그레이스입니다.
밥	만나서 반갑습니다, 그레이스. 이쪽은 폴입니다.
폴	당신을 알게 되어서 기쁩니다, 그레이스.
그레이스	저도 그래요, 폴.

word club

* **let** 〔렛〕　　　시키다
* **introduce** 〔인트로듀스〕　소개하다
* **glad** 〔글래드〕　　기쁜

* **know** 〔노우〕　알다
* **same** 〔쎄임〕　똑같은

☐ **to에는 여러 가지 뜻이 있다.**

① ~하는 것　　**To see is to believe.** 보는 것이 믿는 것이다.
　　　　　　　투 씨 이즈 투 빌리브

② ~하기 위해서, ~하려고　**I go there to meet him.** 그를 만나려고 거기에 간다.
　　　　　　　아이 고 데얼 투 미림

I'd like to introduce myself. [아이드 라익투 인트로듀스 마이쎌프]
I'm Kelly James. [아임 켈리 제임스]

It's a pleasure to meet you. [잇처 플레져 투 미츄]
I'm Michael Jordan. Just call me Mike.
[아임 마이클 죨던. 저스트 콜 미 마이크]

Okay. Are you enjoying the party, Mike?
[오케이. 알 유 인조잉 더 파뤼. 마이크]

Yes, it's a great party. [예스. 잇처 그뤠이트 파뤼]

마이키 죠던?

아뇨~
젼 마이크요!

52

해석

켈리	제 소개를 할께요. 저는 켈리 제임스입니다.
마이클	만나서 반가워요. 저는 마이클 조던입니다. 마이크라고 불러 주세요.
켈리	좋아요. 파티가 재미있으세요, 마이크?
마이클	네, 아주 대단한 파티인데요.

word club

★ **pleasure** 〔플레져〕 즐거움, 기쁨   ★ **great** 〔그뤠이트〕 큰, 훌륭한

★ **just** 〔저스트〕 단지   ★ **party** 〔파뤼〕 파티, 모임

★ **call** 〔콜〕 부르다

☐ **It's a pleasure to meet you.** 이쳐 플레져 투 미츄   너를 만나서 기쁘다.

• **to meet you** 투 미츄 〈너를 만나는 것〉

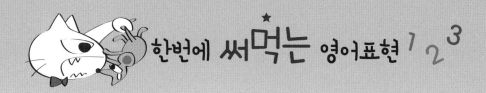

1 Let me introduce myself. 렛 미 인트로듀스 마이쎌프　　제 소개를 할께요.

introduce myself (나 자신을) 소개하다

★ 위의 문장을 직역해보면, 내가 나 자신을 소개하도록 시켜 주세요.라고 할 수 있다. 아주 정중하게 자신을 소개하고 싶을 때 사용한다.

예 A : Let me introduce myself. I'm Michael Jackson.
　　　내 소개를 할께. 난 마이클 잭슨이야.

B : Hi, Michael. I'm Kelly James. Nice to meet you.
　　안녕, 마이클. 난 켈리 제임스야. 만나서 반가워.

let A B　　A에게 B하도록 시키다

Let me go.　　　　　가게 해 주세요.

Let him wait.　　　그를 기다리게 해라.

날 잡지마! 난 가야해!　　안잡고 있는데?...

05

2 **I'm glad to know you.** 아임 글래드 투 노유   당신을 알게 되어서 기쁩니다.

Glad to know you. = Nice to meet you.

★ 처음 알게 된 사람에게 하는 반가움의 표현이다.

3 **Just call me Mike.** 저스트 콜 미 마이크   그냥 마이크라고 불러 줘.

★ 외국은 우리 나라와 이름 부르는 방식이 다르다.
긴 이름 가운데에서 자신이 어떻게 불리고 싶은지를 밝힐 때 이렇게 말하자!

call A B   A를 B라 부르다

A : Nice to meet you. I'm Michael Jones. Call me Mike.
    만나서 반가워. 난 마이클 존스야. 마이크라고 불러 줘.

B : Nice to meet you, Mike.
    만나서 반가워, 마이크.

내 이름은 김수한무거북이와두루미
삼천갑자동방삭이라고해

『명령문』에서는 동사가 가장 먼저 나온다.(동사원형을 사용)
그리고 '주어'가 없다. 다음의 문장을 한 번 만들어 보자.

1 그것을 해라. Do it.

2 조심해라. Be careful.

예 문을 밀어서 열어라.   Push the door open.

휴일 잘 보내!   Have a nice holiday!

숙제해라!   Do your homework!

그러면, 본문에서 나온 문장을 살펴보자.

Let me introduce myself.   내 소개를 할께.

직역하면 다음과 같다.

[나에게 나 자신을 소개하도록 시켜라.] → [내 소개를 할께.]

let A B   A에게 B하도록 시키다.

introduce myself   나 자신을 소개하다

let's = let us~   (우리)~하자!

Let's 다음엔 항상
동사원형이 와~

예   우리 밖에 나가자!   Let's go outside!

기억해 두자!
명령문에는
주어가 없다는 것을.

날씨가 어때요?

How's the weather?

DIALOGUE 1 대화의 주제로 무난하게 사용되는 날씨에 대한 표현을 익혀보자.

What kind of weather do you like?

I like snow very much.

Can't you see outside?
How's the weather?

Oh, snow is falling now.
It's very beautiful.

그레이스	어떤 날씨를 좋아하세요?
브라운	눈을 아주 좋아하죠.
그레이스	바깥이 보이세요? 지금 날씨가 어떻죠?
브라운	세상에, 눈이 오고 있네. 너무나 아름다워요.

word club

* **weather**   날씨
* **snow**   눈/눈이 내리다
* **outside**   바깥에서

* **how's**   = how is
* **fall**   떨어지다
* **beautiful**   아름다운

☐ Can't you see outside?   바깥을 볼 수 없지 않나요?

= Can you see outside? 와 똑같은 표현이다.

59

How's the weather in New York?
Is it sunny?

No. It is raining.

Are you having a good time?

No. I don't have a good time.
Because the weather is terrible here.

I'm sorry to hear that.

해석

롯	뉴욕의 날씨가 어때? 햇빛이 비치니?
그레이스	아니. 지금 비가 오고 있어.
롯	행복한 시간을 보내고 있어?
그레이스	아니. 그다지 행복하진 않아. 날씨가 너무나 끔찍해서 말이야.
롯	안됐구나.

word club

★ sunny   햇볕이 잘 드는   ★ sorry   가엾은

★ time   시간   ★ hear   듣다

★ terrible   무서운, 끔찍한

□ have a good time   즐거운 시간을 보내다

〈날씨와 관련된 단어〉 ■ hot 몹시 더운   ■ sunny 햇빛이 내리쬐는   ■ warm 따뜻한
                    ■ cold 추운   ■ rainy 비가 오는   ■ windy 바람부는

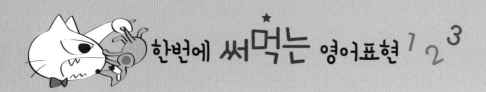

1 What kind of weather do you like? 　어떤 날씨를 좋아하세요?

What kind of ~ do you like? 어떤 종류의 ~을 좋아하세요?

★가장 많이 쓰이는 구문 중 하나이므로 외워두자.

　음식　What kind of food do you like?　　어떤 음식을 좋아하니?

　영화　What kind of movie do you like?　어떤 영화를 좋아하니?

둘다 좋아!!!

2 How's the weather? 　　　　　　　　　　　날씨가 어때요?

★how는 「정도/상태/방법」을 표현할 때 사용한다.

　정도　How many students are there?　　거기에 얼마나 많은 학생들이 있어요?

　상태　How's your family?　　　　　　　가족들은 어떻게 지내세요?

　상태　How shall I dress?　　　　　　　어떻게 옷을 입을까?

06

3 It is raining.

지금 비가 와요.

★ 「날씨/시간/거리/명암」을 나타낼 때, 주어를 It으로 한다. 특정 대상이 없기 때문이다.

시간 It is 3 o'clock.   지금 3시입니다.

거리 It is 3 kilometers to the station   정류장까지 3킬로미터입니다.

명암 It is dark.   어둡다.

긍정문을 부정문으로 바꿀 때 2가지로 나눌 수 있다.

1 be동사(am/are/is) 일 경우 : 뒤에 **not** 만 붙인다.

I am honest. 나는 정직하다.

I am not honest. 나는 정직하지 않다.

예 You **aren't** a student. 너는 학생이 **아니다**.

He **isn't** honest. 그는 정직**하지 않다**.

뒤에 있는건 그럼 뭐야?

정말 한 푼도 없어....

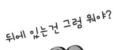

2 일반 동사일 경우   don't

doesn't   +   동사원형

didn't (과거)

I have a good time.	난 행복한 시간을 보내고 있어.
I don't have a good time.	난 행복한 시간을 보내지 못하고 있어.

예 **You don't look very well.**
너는 그렇게 좋아 보이지 않는다.

She doesn't like her boss.
그녀는 그녀의 사장님을 좋아하지 않는다.

I didn't have a good time.
나는 행복한 시간을 보내지 못했었다.

기억해 두자!

부정문은 be동사+not
또는 don't+동사원형
이라는 것을.

07 취미가 뭐니?

What's your hobby?

DIALOGUE 1 요즈음 우리나라에서도 자기만의 취미 생활을 가지는 사람들이 늘어가고 있다. 암벽타기, 골프, 스킨스쿠버, 목공예, 등산 등을 하는 사람도 많다.

What's your hobby?

Listen to music.

What kind of music do you like?

Classical music.

Do you use tapes?

Well, I use a CD player.

취미

해석

피터	취미가 뭐예요?
그레이스	음악 듣는 것입니다.
피터	어떤 종류의 음악을 좋아하시죠?
그레이스	클래식 음악이요.
피터	테입으로 듣는 편입니까?
그레이스	저는 CD플레이어를 사용합니다.

word club

* hobby 취미
* listen (to) ~을 듣다
* music 음악

* classical 고전적인
* use 사용하다
* CD player CD플레이어

warming up

☐ listen to   ~을 듣다

☐ CD player   CD플레이어

　 MP3 player   MP3플레이어

MP3플레이어

What's your hobby?

I like sports very much.

What kind of sports do you like best?

I like football best.
What do you do in your free time?

Listening to music or reading novels.

해석

그레이스	취미가 뭐예요?
피터	스포츠를 아주 좋아하죠.
그레이스	어떤 종류의 스포츠를 가장 좋아하세요?
피터	저는 축구를 가장 좋아합니다. 당신은 시간 날 때 뭘 하세요?
그레이스	음악을 듣거나 소설을 읽습니다.

word club

★ sports	스포츠	★ time	시간
★ best	가장 좋은, 최고의	★ read	읽다
★ football	축구	★ novel	소설
★ free	자유로운		

warming up

☐ in your free time (너의) 여가시간에

☐ A or B A 혹은 B

69

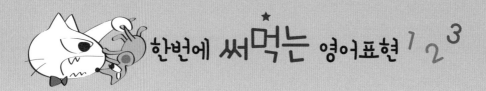

1 **What kind of music do you like?** 　어떤 음악을 좋아하세요?

What kind of ~ do you like? 어떤 ~을 좋아하세요?

★다음의 여러 대상을 넣어 보자. **color** 색상, **food** 음식, **books** 책들

color 　A : What kind of color do you like?　어떤 종류의 색상을 좋아하니?
　　　　　B : I like green first.　난 녹색을 가장 좋아해.

food 　A : What kind of food do you like?　어떤 종류의 음식을 좋아하니?
　　　　　B : I like Japanese food very much.　난 일본 음식을 아주 좋아해.

07

2 I use a CD player.   난 CD플레이어를 사용해.

use 사용하다

예 I use smartphone.   난 스마트폰을 써.

I use a washing machine.   난 세탁기를 사용해.

3 What's your hobby?   취미가 뭐니?

★ what으로 시작되는 것은 가장 기본적인 질문의 형태이다.

예 A : What's your job?   너의 직업은 뭐니?

B : I am an English teacher.   난 영어 선생님이야.

예 A : What's your religion?   너의 종교는 뭐니?

B : I am Christian.   난 기독교인이야.

한입이가
이사가게 해 주세요.

내가 한입이~

질문할 때에는 다음의 의문사를 사용한다. '질문대상'은 제일 앞에 둔다.

who	what	where	when	how	why
누가	무엇/무슨	어디서	언제	어떻게/얼마나	왜

예 **What**'s your hobby?   너의 취미는 뭐니?

     What do you do in your free time?   여가 시간에 너는 뭘 하니?

문장의 순서는 다음과 같다.

1 주어를 묻는 의문문 – 누가 who, 무엇이 what

예 Who went home?   누가 집에 갔니?

     What makes you angry?   너를 화나게 한 게 뭐지?
                                    (직역 : 무엇이 너를 화나게 만들었니?)

② 이외의 질문

① be동사(am/are/is)를 가진 의문문

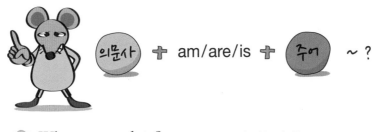

의문사 + am/are/is + 주어 ~ ?

예 **Why are you late?**   너 왜 늦었니?

② 일반 동사의 의문문

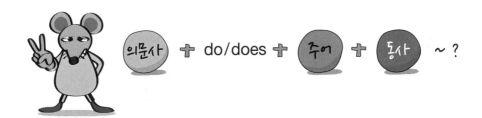

의문사 + do/does + 주어 + 동사 ~ ?

예 **How much do you love me?** 너는 나를 얼마나 사랑하니?

기억해 두자!

질문할 때는
의문사+동사+주어~?

08

이것은 당신의 것입니까?

Is this yours?

DIALOGUE 1 깊은 산 속에서 나무꾼은 실수로 도끼를 폭포에 빠뜨리고 만다.
울고 있던 그에게 한 천사가 나타나...

Excuse me. Is this your golden ax?

No. It's not mine.

Then... (Showing a bronze ax) Is this yours?

Yes.

Oh*!* You are honest.
So, I will give you all.

해석

천사	실례합니다. 이것이 당신의 금도끼인가요?
나무꾼	아니오. 그것은 제 것이 아닌데요.
천사	그러면... (청동 도끼를 보여주며) 이것이 당신의 것입니까?
나무꾼	네, 그렇습니다.
천사	세상에! 당신은 정직하시군요. 그래서 전부 다 당신께 드리겠습니다.

word club

* **golden** 금의, 금으로 된
* **ax** 도끼
* **show** 보여주다
* **silver** 은
* **bronze** 청동
* **honest** 정직한
* **give** 주다

□ '동사ing'는 다음의 의미를 갖는다.

① ~하는 것 My job is cleaning the house. 내가 할 일은 집안 청소(하는 것)이다.

② ~하면서 He listens to music, reading novels. 그는 소설을 읽으면서, 음악을 듣고 있다.

③ ~하고 있다 He is listening to music. 그는 음악을 듣고 있다.

75

옷을 두고 집으로 간 나무꾼.
그의 옷을 보고서 두 천사가 이야기를 나눈다.

Whose clothes are these?

They're the woodcutter's.

They are very dirty.

Yeah, his clothes are always dirty.

해석

천사 1	이것은 누구의 옷이지?
천사 2	그 나무꾼 거야.
천사 1	너무나 더럽군.
천사 2	그래. 그의 옷은 항상 지저분해.

word club

* whose   누구의
* clothes   옷
* woodcutter   나무꾼

* dirty   더러운
* always   항상

warming up

☐ 'cloth'의 쓰임

cloth 옷감, 직물/천

clothe 옷을 입히다

☐ the cloth   성직자

☐ clothes   옷, 의복

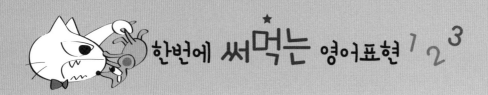

1 Is this yours?　　　　　　　　　　　　이것은 당신의 것입니까?

this　가까이 있는 물건

that　조금 멀리 떨어져 있는 물건

★this는 가까이 있는 물건, that은 조금 멀리 떨어져 있는 물건을 가리킨다.

yours	mine	his
너의 것	나의 것	그의 것

2 Whose clothes are these?　　　　　이것들은 누구의 옷입니까?

★whose 누구의 라는 표현 뒤에 「물건의 종류」를 써 준다.

단수 this	복수 these	단수 that	복수 those
이것	이것들	저것	저것들

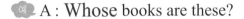

예 A : Whose books are these?　　　이것들은 **누구의** 책입니까?

B :These are **Tom's.**　　　이것들은 **탐의 것**입니다.

A : Whose earrings are those?　　　저것들은 누구의 귀걸이죠?

B :Those are my mother's.　　　저것들은 내 어머니의 것입니다.

3 They're the woodcutter's.　　　그것들은 나무꾼의 것입니다.

★the woodcutter's는 「나무꾼의 것」이란 뜻으로 여기서는 the woodcutter's clothes에서 clothes가 생략된 것이다.

다음의 것들로 연습해 보자.

 They are Tom's.

윗 문장에서 **가리키는 물건(they)**이 무엇이냐에 따라서 Tom's의 뜻이 여러 가지가 된다.

예 가리키는 물건이 「**책**」일 때　　Tom's = Tom's books

가리키는 물건이 「**핸드폰**」일 때　　Tom's = Tom's cellphone

명사를 대신해서 쓰는 「대명사」는 다음과 같이 변화한다.
「나 I – my – me – mine」의 순으로 암기하는 것도 좋은 방법이다.

	나	우리	너	그	그녀	그것	그들
~은, 는	I	we	you	he	she	it	they
~의	my	our	your	his	her	its	their
~을,를	me	us	you	him	her	it	them
~의 것	mine	ours	yours	his	hers		theirs

1 나   I, my, me, mine

예 I am a doctor.   나는 의사이다.

My job is writing books.   나의 직업은 책을 쓰는 것이다.

He loves **me**.   그는 나를 사랑한다.

This book is **mine**.   이 책은 나의 것이다.

2 그들   they, their, them, theirs

They

they, their, them, theirs 그들

예 **They** are selling books.   그들은 책을 팔고 있다.

Their goal is to win.   그들의 목표는 이기는 것이다.

He loves **them**.   그는 그들을 사랑한다.

These books are **theirs**.   이 책들은 그들의 것이다.

PART II

- 본문 **SITUATION 1·2**
- 한번에 써먹는 영어표현
- 회화에 필요한 알짜문법

지금 당장 일어나!

Get up right now!

SITUATION 1

 What's up?

I had a light sleep last night.
My husband snores terribly.
How about your husband?

He doesn't have any sleeping habit.
But I grind my teeth badly.

I can imagine how he feels.

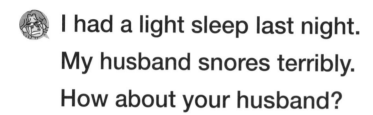

word club

★ have	가지다 / 먹다	★ grind	갈다
★ husband	남편	★ teeth	이
★ snore	코를 골다	★ badly	심하게
★ terribly	몹시	★ imagine	상상하다
★ habit	습관, 버릇		

남편이 남편이 아니라 곰이야~
코를 너무 골아 ㅠㅠ

해석

제시카	무슨 일 있어?
써니	어젯밤 선잠을 잤거든. 남편이 너무 심하게 코를 골아서 말이야. 네 남편은 어떠니?
제시카	내 남편은 잠버릇이 없거든. 하지만 내가 이를 심하게 갈지.
써니	네 남편이 어떤지 상상이 가는구먼.

warming up

- [ ] have a light sleep 선잠을 자다
- [ ] last night 어젯밤
- [ ] not any~ 전혀 ~않다
- [ ] grind teeth 이를 갈다
- [ ] how he feels 그가 어떻게 느끼는지
- [ ] sleeping habit 잠버릇

John! Please, get up!
Turn off the alarm.
It's too noisy.

Would you turn it off?
I can't reach it.

Get up right now, or you'll be late.

What time is it?

It's 8 o'clock now.

word club

★ get up	일어나다	★ reach	도착하다
★ turn off	끄다	★ late	늦은
★ alarm	자명종	★ time	시간
★ noisy	시끄러운	★ o'clock	~시(정각)

해석

써니	존! 제발, 일어나요!
	알람 시계 좀 꺼 주세요.
	너무 시끄러워요.
존	당신이 끄면 안 되겠어요?
	손이 닿질 않아요.
써니	당장 일어나요. 그렇지 않으면 지각할 거예요.
존	몇 시죠?
써니	지금 정각 8시예요.

□ Would you~   ~해 주시겠습니까? 공손한 부탁

□ I can't reach it.   손이 닿질 않아요.

□ It's 8 o'clock.   8시이다.

〈날씨, 시간, 명암, 거리 등을 나타낼 때 주어를 It으로 한다. 특정한 대상을 지칭하는 건 아니다.〉

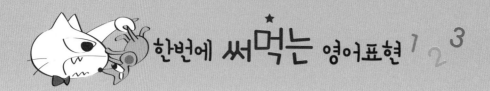

1 **I grind my teeth.**　　　　　　　　　　　나는 이를 갈거든요.

grind ~ teeth　이를 갈다

★teeth는 tooth의 복수이다.

이를 갈 때 여러 개를 동시에 부딪히므로 복수를 쓴다.

예 toothbrush　칫솔

　　 toothpaste　치약

2 **Get up right now!**　　　　　　　　　　지금 당장 일어나!

 명령문

★명령〈P56~57참조〉할 때에는 주어가 없다. 동사부터 나온다.

예 Wash your hands!　손 씻어라!

　　 Come here!　　　 이리 와!

3 What time is it?   지금 몇 시예요?

날씨, 시간, 날짜, 명암, 거리 ⇒ 주어는 it

★날씨, 시간, 날짜, 명암, 거리를 말할 때 주어는 it이다.

날씨	비가 내려요.	It's raining.
날짜	오늘이 몇 일이에요?	What day is it today?
명암	어두워요.	It is dark.
거리	5킬로미터예요.	It is 5 kilometers.

지금이 몇시야!!!

문장을 보다보면 한 가지 단어가 그냥 있다가 s가 붙는다거나, es가 붙는 것을 쉽게 찾아볼 수 있다.

여기서는 **동사**에 대해서만 살펴보기로 한다.

우선 한 가지만 기억하자!

동사의 「원형」이란 기본적인 형태를 말한다. 즉, 변화하기 전의 원래의 모습이다.

이 원형에 (e)s가 붙기 위해서 다음의 3가지 조건을 충족시켜야 한다.

3인칭	단수	현재
나/너 둘다 아님	하나	지금 일어나는 일

「동사원형」 snore (코를 골다)와 grind (갈다)는 다음과 같이 변화할 수 있다.

1 **My husband snores terribly.**   내 남편은 코를 심하게 곤다.

my husband가 〈나/너〉 둘 다 아니므로, 3인칭이다.
한 사람이기 때문에 단수이다.
요즘 일어나는 일이므로 현재, 그래서 snores이다.

기억해 두자!
동사의 3인칭 단수현재형에는 -e(s)를 붙인다.

2 **He** grinds **his teeth badly.** 그는 심하게 이를 간다.

주어가 〈나/너〉 둘 다 아니므로, 3인칭이고, 한 사람 즉 단수이며 현재이다.
그래서 grinds가 되었다.

3 **I** grind **my teeth badly.** 나는 심하게 이를 간다.

주어가 나(1인칭)이므로 s가 붙을 수 없다.

너 몸매 좋구나.

You have a good shape.

SITUATION 1

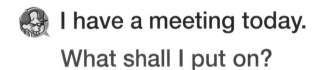 **I have a meeting today.**
What shall I put on?

Why don't you dress up?

Well, we're going to go bowling.

Then, how about a black jacket
and black slacks?

Good idea! Thank you.

word club

★ meeting	모임	★ black	검은
★ today	오늘	★ jacket	재킷
★ put on	입다	★ slacks	바지
★ why	왜	★ good	좋은
★ dress up	정장을 입다	★ idea	생각

티파니	나 오늘 모임 있어.
	뭘 입으면 좋을까?
스티브	정장으로 입는 건 어때?
티파니	글쎄, 우리 볼링 치러 갈 건데.
스티브	그렇다면, 검정 재킷과 검정 바지는 어때?
티파니	좋은 생각이야. 고마워.

warming up

☐ have a meeting   모임을 가지다   ☐ go shopping   쇼핑하러 가다

☐ Why don't you~?   ~하는 건 어때?   ☐ Good idea!   좋은 생각이야!

☐ be going to~   ~할 것이다(= will)   ☐ go bowling   볼링치러 가다

It's too tight.

I can't breathe.

 How about going on a diet?

 Good idea!

You have a good shape.

What's the secret?

 **Nothing special.**

Excercise regularly!

---

word club

★ tight	단단한, 꼭 끼는	★ secret	비밀
★ breathe	숨쉬다	★ special	특별한
★ diet	식이 요법, 다이어트	★ exercise	운동하다
★ shape	모양, 모습	★ regularly	규칙적으로

해석

유리	너무 꼭 끼네. 숨쉴 수가 없어.
스티브	다이어트 한 번 해 보는 건 어때?
유리	좋은 생각이야! 넌 몸매가 너무 좋아. 비결이 뭐야?
스티브	특별한 건 없어. 규칙적으로 운동해 봐!

□ Nothing special!   특별한 건 없어.

□ How about ~?   ~하는 건 어때? 〈상대방의 의향을 물어볼 때 사용한다.〉

□ go on a diet   식이요법을 하다

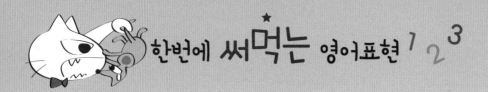
1 What shall I put on? 무엇을 입을까?

put on 입다 ⟷ take off 벗다

예 I put on a skirt. 나는 치마를 입는다. ↔ I take off a skirt. 나는 치마를 벗는다.

옷갈아 입을동안
보면 안돼!

스윽~

★ 질문을 받으면, 제일 앞에 나오는 단어 **what** 에 대한 것을 답하면 된다.

예 A : What shall I put on? 난 무엇을 입을까?

　 B : A black skirt. 검정 치마.

나 어때?

will / shall ~할 것이다 (미래)

You will be a doctor. 너는 의사가 될 것이다.

I shall be old soon. 나는 곧 늙을 것이다.

★ hot 뜨거운

The water is hot.   이 물은 뜨겁다.

This water is hot water. 이 물은 뜨거운 물이다.

★ special 특별한

This problem is special.   이 문제는 특별하다.

This is a special problem. 이것은 특별한 문제이다.

기억해 두자!

형용사는 주어의 상태
를 설명 하거나 명사를
꾸며준다.

너 뭐 입을 거니?

What are you going to wear?

SITUATION 1

Would you go to this Halloween party?

Of course.

What are you going to wear?

I'm going as Frankenstein.
How about you?

As the Bride of Frankenstein.

Maybe we should go together.

word club

* go   가다
* Halloween   할로윈데이, 10월 31일
* party   파티
* wear   입다

* Bride   신부
* maybe   아마
* should   ~해야만 하다
* together   다함께

특별행사와 파티

넌
호박이잖아?

너도 호박이잖아~~~

해석

티파니	이번 할로윈 파티에 갈래?
스티브	물론.
티파니	뭐 입고 갈 건데?
스티브	프랑켄슈타인으로 분장하고 갈 거야. 너는?
티파니	프랑켄슈타인 신부 복장을 할 거야.
스티브	아마도 우린 같이 가야겠군.

warming up

☐ go to the party   파티에 가다

☐ go together   다함께 가다

할로윈 파티 (10월31일)

101

Do you know it's St. Patrick's Day next week?

Oh, is it?
What is it?

Well, it's a day when Irish people wear green.
There are usually a big parade and parties.
Would you like to come to a party?

Sure.

Good!
Remember to wear something green!

word club

★ know	알다	★ usually	보통
★ day	날, 하루	★ big	큰
★ green	녹색	★ come	오다, 가다
★ there is(are)~	~이 있다	★ sure	확실한
★ parade	행렬	★ remember	기억하다

102

녹색옷이면 되는거지?

해석

스티브	다음 주에 성 패트릭의 날이 있다는 것 아니?
세라	어, 그래? 그게 뭔데?
스티브	그 날은 아일랜드 사람들이 녹색 옷을 입는 날이야. 보통 성대한 퍼레이드와 파티가 열리지. 파티에 가고 싶지 않니?
세라	물론 가고 싶어.
스티브	좋아! 녹색 옷을 입어야 한다는 걸 기억해 둬!

warming up

- □ **St. Patrick** 아일랜드의 수호신(패트릭 성인)
- □ **something green** 녹색의 어떤 것(물건)
- □ **come to a party** 파티에 가다

- □ **remember to+ 동사원형**
  ~할 것(미래의 일)을 기억하다
- □ **remember+ -ing**
  ~했던 것(과거의 일)을 기억하다

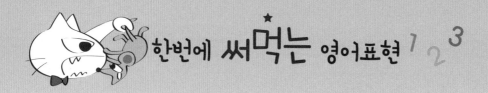

1 What are you going to wear?   너 뭐 입을 거니?

be going to ≡ will ~할 것이다

예 I am going to wear blue jeans.   나는 청바지를 입을 것이다.
= I will wear blue jeans.

안맞을거 같은데?

2 We should go together.   우린 함께 가야할 것 같아.

should have ✚ 과거분사(p.p) ~했었어야 했는데···

should   **shall** ~할 것이다의 과거형

If he came, we should be delighted.   그가 와 준다면, 기쁠 텐데····

You should have done that.   그것을 했었어야 했는데····

3 Would you like to come to a party? 파티에 가고 싶지 않니?

would like to~ ≡ would love to~ ~하고 싶다

예 I would like to travel with my family.

나는 가족과 함께 여행하고 싶다.

● 참고

a birthday party   생일 파티

a housewarming party 집들이

펑!   생일 축하~

조동사는 말 그대로 **동사를 보조**해 준다. 동사의 앞에 위치한다.
뒤에 따라나오는 동사는 반드시 「동사원형」으로 바뀐다.

1 종류

will / shall	can	may
~할 것이다	할 수 있다	~할지도 모른다

I am a doctor. 난 의사이다 를 조동사를 사용해서 바꾸어보자.

I will(shall) be a doctor.   난 의사가 될 것이다.

I can be a doctor.   난 의사가 될 수 있다.

I may be a doctor.   난 의사가 될지도 모른다.

I will be back.
난 (꼭) 돌아올거야~

조동사 will + 동사원형 be
여기선 am의 원형이에요~

2 역할 : 원래 동사의 의미를 보충해준다.

예 I am a doctor.   나는 의사이다.

I can be a doctor.   나는 의사가 될 수 있다.

He meets a good chance.   그는 좋은 기회를 얻는다.

He may meet a good chance.   그는 좋은 기회를 얻을지도 모른다.

3 부정문 만들기

예 I can be a doctor.   나는 의사가 될 수 있다.

I cannot be a doctor.   나는 의사가 될 수 없다.

조동사 뒤에 not만
붙이면 부정문이 돼~

조동사 ➕ not

기억해 두자!

조동사란?
① 원래 동사의 뜻을 보충
② 말하는 사람의 의사를 강조,
   뜻을 분명히 하고자
   할 때 사용

SECTION

04

안전벨트를 매거라.

Put on your seat belt.

SITUATION 1

 Put on your seat belt.

 I did.

Please drive a little slower.

 Don't worry.

I have driven for 10 years.

 What if you get an accident?

 word club

★taxi driver	택시운전자	★slower	더 천천히
★customer	고객	★worry	걱정하다
★drive	운전하다	★get	얻다, ~을 당하다
★accident	사고		

걱정마세요~
10년 무사고입니다~

해석

택시운전사	안전 벨트를 매세요.
티파니	맸습니다. 좀 천천히 운전하세요.
택시운전사	걱정 마세요. 10년째 운전하고 있습니다.
티파니	사고라도 나면 어쩌려고 그러십니까?

- ☐ seat belt   안전벨트
- ☐ for 10 years   10년 동안
- ☐ get an accident   사고를 당하다
- ☐ what if~?   ~한다면 어떻게 되겠는가?

Can I see your driver's license?

 Sure.

What's the problem, officer?

 You were speeding, ma'am.

 I'm very sorry.

 Don't ever speed, please.

word club

★ officer	공무원, 경관	★ speeding	속도위반
★ see	보다	★ driver's license	운전면허증
★ sorry	슬픈, 후회하는	★ ever	여태껏, 전혀
★ problem	문제	★ speed	속력을 더하다

해석

경관	운전 면허증 좀 보여주시겠어요?
부인	물론이죠. 무슨 문제가 있나요, 경관님?
경관	과속하셨습니다. 부인.
부인	대단히 죄송합니다.
경관	제발 과속하지 마세요.

☐ What's the problem?   무슨 일 있어요? ⟨=What's up?⟩

☐ You were speeding,   과속하고 있었습니다.

☐ ma'am   마님, 아주머니 ⟨가볍게 존칭으로 사용⟩

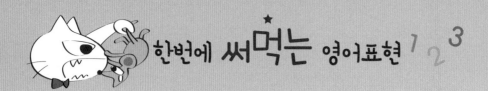

1 Put on your seat belt.   안전벨트를 매거라.

put on (옷 등을)입다/착용하다 ⟷ **take off** 벗다

예 Put on your socks.   양말을 신어라.

Take off your seat belt.   안전 벨트를 풀러라.

양말 갈아신어~

2 Please drive a little slower.   조금 더 천천히 달려라.

a little 조금, 약간

little 거의 ~하지 않는

조금, 약간   I have a little sugar.   나는 설탕이 조금 있다.

거의 ~하지 않는   I have little sugar.   나는 설탕을 거의 가지고 있지 않다.

3 Can I see your driver's license?　　면허증 좀 보여주시겠어요?

Can I ~ ? / Could I ~ ?

(상대방에게 요청)
제가 ~해도 되겠습니까?

★ 'can'보다는 'could'가 더 정중한 표현이다.

예 Can I see your passport?　여권 좀 보여주시겠습니까?

Please drive a little slower. *제발, 조금 더 천천히 운전해라!*

형용사/부사에는 「원급, 비교급, 최상급」이 있다.

원급	~한, ~의	(원래의 뜻) **그대로**
비교급	더욱 ~한	**-er / more~**
최상급	가장 ~한	**-est / most~**

이러한 비교급, 최상급을 만드는 데에는 3가지의 방법이 있다.

1 원급에 -er/-est를 붙이는 경우

tall - taller - tallest
(키가)큰   더 큰   가장 큰

short - shorter - shortest
짧은   더 짧은   가장 짧은

2 원급에 more, most를 붙이는 경우

beautiful - more beautiful - most beautiful
아름다운 　　　　 더 아름다운 　　　　　 가장 아름다운

important - more important - most important
중요한 　　　　　 더 중요한 　　　　　　 가장 중요한

3 불규칙 변화 - 1), 2) 외의 경우

good / well - better - best
　　좋은 　　　　 더 좋은 　　 가장 좋은

many / much - more - most
　　　많은 　　　　 더 많은 　　 가장 많은

기억해 두자!

비교급에는
-er, more~

최상급에는
-est, most~

115

늦어서 죄송해요.

I'm sorry to be late.

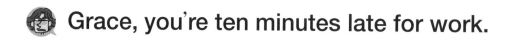

SITUATION 1

Grace, you're ten minutes late for work.

I'm sorry to be late. My car wouldn't start.

That's no excuse.
It's important to be on time every morning.

I won't be late again.

I hope not.

word club

★ manager	경영자, 과장	★ excuse	변명
★ minute	분	★ important	중요한
★ work	일, 작업	★ on time	정각에
★ car	차	★ hope	바라다
★ start	출발하다		

116

지각변명

해석

과장	그레이스, 10분이나 늦었군요.
그레이스	늦어서 죄송해요. 차가 시동이 걸리질 않아서요.
과장	그건 이유가 안돼요. 매일 아침 시간을 지킨다는 건 아주 중요해요.
그레이스	다시는 늦지 않을게요.
과장	나도 그렇지 않길 바래요.

☐ **My car wouldn't start.**
　내 차가 출발하지 않는다.

• **would** : will(~ 할 것이다)의 과거

• **would not** : ~ 하려고 하지 않는다 〈고집〉

☐ **I hope not.**
　나도 그렇지 않길 바래. 〈부정문에 동의할 때〉

☐ **I hope so.**
　나도 그러기를 바래. 〈긍정문에 동의할 때〉

I'm sorry I'm late for work.

What happened to you, George?

The traffic was bumper to bumper **this morning.**

Yes, I know.

It took me twenty minutes longer.

I left my house at my usual time.

But it took me 2 hours to get here.

word club

★happen	일어나다	★leave	떠나다
★traffic	교통	★bumper	범퍼(차의 앞부분)
★house	집	★usual	보통의
★longer	더 긴	★here	여기에

그 말을 나보고 믿으라고요?

조지	늦어서 죄송해요.
유리	무슨 일 있었어요, 조지?
조지	오늘 아침에 **차가 너무 막혔어요**
유리	나도 알아요.
	나는 20분이나 더 걸려서 왔어요.
조지	저는 보통 때와 똑같이 출발했거든요.
	그런데 여기까지 오는 데 2시간이나 걸렸어요

warming up

☐ late for work	(직장에) 지각한
☐ bumper to bumper	차가 막힌
☐ at ~ usual time	평상시에
☐ it take 사람+시간 to ~	(사람)이 ~하는 데 (얼마의) 시간이 걸리다

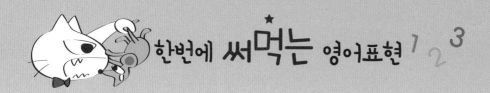

1 I'm sorry to be late.   늦어서 죄송해요.

≡ I'm sorry for being late.

★I am sorry의 「이유」를 설명할 때 to나 for를 사용한다.

     I am sorry **to** bother you.   방해해서 미안해요.
       = I am sorry **for** bothering you.   "

어머! 방해해서 미안~

깜짝!

뿡!

2 I hope not.   나도 그러지 않길 바래요.

≡ I hope that you won't be late again.
나는 당신이 다시는 늦지 않았으면 좋겠어.

★본문대화 〈P116〉 I won't be late again. 다시는 늦지 않을게요에 대해 동의하는
표현이다. 부정문에 대한 동의에는 I hope not, 긍정문에 대한 동의에는 I hope so.
라 한다.

05

예 A : I won't make mistakes.   난 실수하지 않을꺼야.

B : I hope not.   나도 그러지 않길 바래.

3 **The traffic was bumper to bumper.**   차가 꽉 막혀 있었다.

bumper to bumper 교통이 복잡한

★ to~는 「~를 향해서 / ~에게」란 뜻이다.

자동차 범퍼에서 범퍼로 닿아있는 것이므로, **교통이 혼잡함**을 뜻한다.

회화에 필요한 알짜 문법

약방의 감초 to에 관하여

to는 크게 **4가지**로 나뉘어진다.

1 ∼하는 것 (가주어)

It's important **to be** on time. 정각에 오는 것은 중요하다.

to be on time   정각에 오는 것

2 ∼해서/∼여서 (원인·이유)

I'm sorry **to be** late.   늦어서 미안하다.

to be late   늦어서

sorry~

3 ～하기 위해서 (목적)

예 I go home **to have** lunch.　　난 점심을 먹기 위해서 집으로 간다.

to have lunch　점심을 먹기 위해서(목적)

기억해 두자!

to는 다음의 뜻을 갖는다.
① ～하는 것
② ～해서
③ ～하기 위해서
④ ～에게

4 ～에게

to 뒤에는 「목표물, 대상」이 올 때가 많다. 아래의 ①에서는 『사건이 발생(happen) 한 대상』을 표현하고, ②에서는 『선물을 준 대상』을 표현한다.

예 ① What happened **to you**?
　　너에게 무슨 일이 일어났니?
② I gave a present **to my mother**.
　　난 어머니에게 선물을 드렸다.

123

06 잘 해냈구나!

You did a good job!

SITUATION 1

That's a beautiful skirt.

Thank you. I made it myself.

I can't believe it.

This is my first work.

You did a good job!

I'm going to make a dress next.

word club

★ beautiful	아름다운	★ believe	믿다
★ skirt	스커트, 치마	★ job	직업, 일
★ make	만들다	★ dress	드레스
★ myself	나 스스로	★ next	다음에(의)

124

해석

앙드레	예쁜 스커트네.
티파니	고마워요. 내가 만든 거죠.
앙드레	믿을 수가 없군.
티파니	처음 만든 작품이에요.
앙드레	**훌륭하게 해 냈구나.**
티파니	다음 번엔 드레스를 한 번 만들어 볼 거예요.

□ You did a good job! 잘 해냈어!

□ make a dress 드레스를 만들다

Hi!

I was very happy with your presentation.

Thank you.

I did my best.

Well, you did a good job.

You had some excellent ideas.

I enjoyed working on it.

word club

★ happy	행복한	★ some	조금
★ presentation	발표	★ excellent	훌륭한
★ do ~ best	최선을 다하다	★ enjoy	즐기다
★ work on	연구하다		

해석

티파니	안녕! 네 발표가 아주 마음에 들었어.
빌	고마워! **최선을 다했지.**
티파니	아주 훌륭했어. 훌륭한 아이디어를 가지고 있던 걸.
빌	준비하는 데 아주 즐거웠어.

☐ I am happy with A   A로 행복하다

☐ enjoy -ing   ~하는 것을 즐기다

☐ do the best = try the best   최선을 다하다

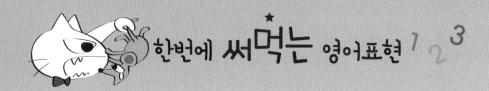

1 I made it myself.

나는 스스로 해냈다.

★ self 는 「자신」을 뜻하는데, 바로 앞에 여러 가지가 붙는다.

나 스스로	myself	너 스스로	yourself
그 자체로	itself	그 스스로	himself
그녀 스스로	herself	그들 스스로	themselves

예 You must do it yourself. 너는 그것을 너 스스로 해야 한다.

내가 해냈다~!

2 You did a good job!

잘 해냈구나!

★ 「좋은 직업을 했다」는 식으로 해석하면 곤란하다.

예 do a good job 잘 해내다

일의 성과를 칭찬할 때 사용한다. 간단하게 Good job!이라 해도 된다.

3 I did my best. 나는 최선을 다했다.

do ~ best = try ~ best 최선을 다하다

★ do ~ best 사이에는 소유격을 사용한다.

나 한글 모르는데...

my 소유격 I 의 변형 (나의)

주격	소유격		주격	소유격	
I → my	나의		we → our	우리의
you → your	너의		he → his	그의
she → her	그녀의		they → their	그들의

가장 대표적인 관사에는 a(an)과 the가 있다.
관사는 보통 명사 앞에 위치한다.

1 부정관사 a(an)

① 명사 중에서 『하나의 대상』을 말할 때

It is **a** beautiful flower.　　　　그것은 (한송이의) 아름다운 꽃이다.

② 특정하지 않은 대상에 사용한다.

A dog is faithful.　　　　개는 충성스럽다.

③ **an** : 바로 뒤에 나오는 단어가 『아/에/이/오/우/어』로 시작할 때
　　　　a가 **an**으로 바뀐다.

an apple / **an** American / **an** orange
　애　　　　　어　　　　　　오

a(an)은 하나의 대상 혹은
특정하지 않은 물건을 말해~

2 정관사 the

정해진 특정한 물건 혹은 사건을 가리키며, 하나일 때와 여러 개일 때 모두
사용할 수 있다.

The apple is red. 저 사과는 빨갛다.

The apples are green. 저 사과들은 녹색이다.

the sun
태양

the earth
지구

the는 특정한 것을 말해~

기억해 두자!

a는 하나의 대상 혹은
특정하지 않은 물건.

the는 특정한 것.

축하하자!

Let's celebrate this!

Happy birthday, Grace!

Thanks. I turned 35 today.

I bought something for you.
I hope you like it.

Oh, how beautiful flowers!
Thanks a lot!

word club

- ★ birthday   생일
- ★ turn   변하다 / ~이 되다
- ★ buy   사다
- ★ like   좋아하다 / ~처럼

한번에 꺼야해~

해석

조지	생일 축하해, 그레이스!
그레이스	고마워. 오늘로 35살이 되는군.
조지	너를 위해서 샀어. 네가 기뻐하면 참 좋겠다.
그레이스	어머, 이렇게 예쁜 꽃이라니! 정말 고마워!

□ buy B for A = buy A B
　A를 위해서 B를 사다

□ how+형용사+(a)+명사! = what+(a)+형용사+명사! 〈감탄문〉
　얼마나 ~한 ~인가!

Congratulations on your promotion!

Thank you, Susan!

Let's celebrate this!
How about a dinner together?
I treat you.

That sounds great.
Thanks.

 word club

★ congratulation	축하	★ sound	~처럼 들리다
★ promotion	승진	★ great	대단한
★ celebrate	축하하다	★ dinner	저녁식사
★ treat	대접하다		

먹고 싶은 거 말만 해
천원으로 다~ 사줄게!

꼬르륵~

해석

수잔	승진 축하해요.
스티브	고마워요, 수잔.
수잔	축하해야죠. 함께 저녁식사라도 어때요? 제가 한 턱 낼게요.
스티브	그것 좋죠. 고마워요.

□ congratulate 축하하다
　congratulation 축하　＋ on ＋ 축하할 대상

□ sound+형용사　～하게(처럼) 들리다

□ let's(let us)~　(우리) ～하자

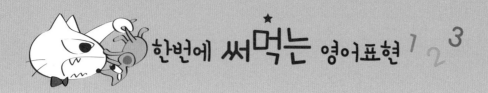

1 I hope you like it.   네가 그걸 좋아하면 좋겠어.

I hope~   ~을 바라다, 희망하다

→ I hope A B   나는 A가 B하기를 바란다

→ I hope + to동사원형   나는 (나 스스로가) ~하기를 바란다

★똑같은 hope와 succeed가 결합된 형태이지만, 의미에 있어서는 상당한 차이가 있다.

예 I hope you will succeed.   나는 네가 성공하기를 바래.

I hope to succeed.   나는 (내가) 성공하기를 바래.

성공해서 사주길 바래   0이 몇개야...

07

2 Let's celebrate this! 축하하자!

Let's(Let us) ~ ! 우리 한 번 ~해 보자!

★ 위의 문장을 **청유형 문장**이라고 한다.

예 Let's go shopping. 쇼핑하러 가자.
Let's go home. 집에 가자.

3 I treat you. 제가 낼게요.

★ treat는 흔히 「다루다, 처리하다」의 뜻으로 많이 쓰인다.
그런데, 이 문장은 상대방에 대한 호의의 표시로 **한턱 낼 때** 사용한다.
일반적으로 영미 문화권에서는 「**각자 계산**」 Dutch Payment가 보통이지
만, 특별한 호의에 대한 보답을 하고자 할 경우 쓰인다.

말만해. 다 사줄게! 꺄아~~~

느낌을 표현하는 대표적인 **감각 동사**이다.

look	smell	feel	sound	taste
보다	냄새맡다	느끼다	들리다	맛보다

이 동사들은 조금 특별한 동사이다.

look		~하게 보이다	look like		~처럼 보이다
smell		~냄새가 나다	smell of		~같은 냄새가 나다
feel	**+ 형용사**	~를 느끼다	feel like	**+ 명사**	~처럼 느껴지다
sound		~소리가 나다	sound like		~같이 들리다
taste		~한 맛이 나다	taste of		~처럼 맛이 나다

예 She **looks** beautiful.　　　그녀는 아름답게 보인다.

She **looks like** Madonna.　　그녀는 마돈나처럼 보인다.

This **feels** soft..　　　　　이것은 부드러운 느낌이 난다.

This **feels like** silk.　　　　이것은 실크(처럼) 느낌이 난다.

The soup **tastes** good.　　　그 수프는 맛이 좋다.

The soup **tastes of** onion.　그 수프는 양파 맛이 난다.

감각동사

1 보다 look

2 냄새맡다 smell

3 느끼다 feel

4 들리다 sound

5 맛보다 taste

내일 시간 있니?

Are you free tomorrow?

SITUATION 1

Are you free tomorrow?

Well, I have a meeting tomorrow.

How about Friday afternoon?

I'm not sure. Why?

Would you like to see a movie?

I'd love to, but let me check my schedule first.

word club

★ free	자유로운/무료의	★ movie	영화
★ tomorrow	내일	★ let	시키다
★ Friday	금요일	★ check	점검하다
★ afternoon	오후	★ schedule	스케줄

해석

세븐	내일 시간 있니?
써니	글쎄. 내일은 모임이 있는데.
세븐	금요일 오후는 어때?
써니	확실하지는 않아. 왜 그래?
세븐	영화 보러 가지 않을래?
써니	나도 그러고 싶어. 그런데, 먼저 일정표를 한 번 봐야겠어.

☐ let A B   A가 B하도록 시키다
• I let him go home.
   나는 그에게 집으로 가라고 시켰다.

☐ I am free.   난 한가해.
☐ I'd love to, but~   그러고 싶지만, ~
   I'd = I would

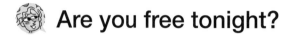 Are you free tonight?

Yes. Why?

Would you like to take a walk?

OK. When?

At midnight at your balcony.

All right. See you then.

See you.

 word club

* take a walk   산책하다
* at midnight   자정에
* balcony   발코니
* All right!   좋아!

해석

써니	오늘밤에 시간 있니?
세븐	응. 왜 그래?
써니	같이 산책하지 않을래?
세븐	좋아. 언제?
써니	너희 집 발코니에서 자정에.
세븐	좋아. 그 때 보자.
써니	그 때 봐.

□ in the morning　　아침에　　　□ at noon　　　정오에

□ in the afternoon　오후에　　　　□ at midnight　자정에

143

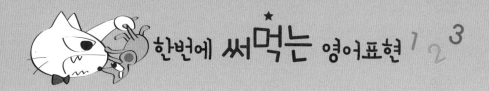

1 Are you free tomorrow?   내일 시간 있니?

Are you free? = Do you have time? 시간 있니?

★time만 있으면 「시간」.

time 앞에 the가 있으면, 「한 시점(시각)」을 뜻한다.

예 What is the time?   지금 몇 시니?

08

2 Would you like to see a movie?　　　영화 보러 가지 않을래?

would like to~　~하고 싶다

예 I'd like to go to the movie theater.　　　난 영화관에 가고 싶어.

Would you like to go to the movie theater?　영화관에 (영화 보러) 가지 않을래?

3 See you (then).　　　　　　　　　　그 때 보자!

★ 헤어질 때 다시 만날 것을 기약하는 표현이다.

Win!

두고보자...

같은 범주의 것을 연결할 때 「접속사」를 쓴다.

가장 대표적인 것은 다음과 같다.

and	but	or	because	though
그리고	하지만	또는	～때문에	그럼에도 불구하고

본문의 예문을 통해서 한 번 살펴보자.

I'd love to, but let me check my schedule first.
A   접속사(반전)   B

접속사 but은 A문장의 반전을 가져온다.

And 그리고

I was wet and tired.   나는 젖었고 지쳤다.

Or 또는

Is it Tuesday or Friday today?   오늘이 화요일인가, 금요일인가?

Because ～때문에

Because he was so late, he was driving so fast.
그는 너무 늦었기 때문에, 그렇게 빨리 운전하고 있었다.

Though 그럼에도 불구하고

Though she was sick, she went to school.
그녀는 아팠음에도 불구하고, 학교에 갔다.

★ beautiful
아름다운

★ ugly
못생긴

★ married
결혼한

★ single
혼자인

★ rich
부유한

★ poor
가난한

★ noisy
시끄러운

★ quiet
조용한

★ big
큰

★ small
작은

★ expensive
비싼

★ cheap
값싼

★ easy
쉬운

★ difficult
어려운

★ tall
키가 큰

★ short
키가 작은

SECTION

09

휴식 시간을 가집시다.
Let's have a coffee break.

SITUATION 1

Let's have a coffee break.

Good! I'll make coffee.

Did you read the newspaper this morning?

No, what's new?

There was a big plane crash.

Oh, no! I can't believe it.

word club

* let's	~하자	* newspaper	신문
* have	먹다	* new	새로운
* coffee	커피	* plane	비행기
* break	휴식시간	* crash	붕괴, 추락
* read	읽다		

해석

티파니	커피 마시면서 잠시 쉬어요.
스티브	좋아요! 제가 커피 준비할게요.
티파니	오늘 아침에 신문 읽으셨어요?
스티브	아뇨, 뭐 새로운 거라도 있나요?
티파니	비행기 대형 사고가 있었대요.
스티브	오, 저런! 믿을 수가 없군요.

☐ have a coffee break	커피 마시는 시간을 갖다
☐ this morning	오늘 아침
☐ a big plane crash	대형 비행기 추락사고

This is Sunday! Let's wash the clothes!

OK. The laundry has piled up.

Put them in the washing machine.
And let's have a cup of coffee.

That's a good idea.
How would you like your coffee?

Black coffee, please.

word club

★ Sunday	일요일	★ pile up	쌓이다
★ wash	씻다	★ put	넣다
★ clothes	옷	★ laundry	세탁물
★ washing machine	세탁기		

해석

수잔	일요일이다! 옷 좀 빨자!
세바스찬	좋아. 빨랫감이 쌓였구나.
수잔	세탁기 속에 집어넣어. 그리고 커피 한 잔 마시자.
세바스찬	좋은 생각이야. 커피 어떻게 마실 거니?
수잔	블랙 커피 줘.

warming up

☐ wash the clothes   옷을 빨다

☐ put A in(to) B   A를 B안으로 집어넣다

☐ a cup of coffee   한 잔의 커피
   • two cups of coffee   두 잔의 커피

☐ How would you like your coffee?
어떤 커피를 좋아하나요?

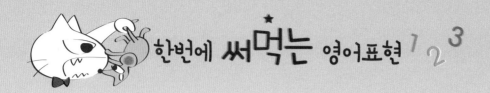

1 Let's have a coffee break.　　　　　　　　휴식 시간을 가집시다.

Let's (Let us)~ 우리 함께 ~해 보자!

★have에는 여러 가지의 뜻이 있다.

가지다	Let's **have** a coffee break.	잠깐 쉬자. (커피라도 마시면서)
먹다/마시다	Let's **have** a cup of coffee.	커피 한 잔 마시자.
경험하다	I **have** a headache.	머리가 아프다.
시키다	I **had** him do homework.	나는 그에게 숙제하도록 시켰다.

2 What's new?　　　　　　　　　　　새로운 건 뭐야?

★새로운 어떤 소식이 있는지 여부를 물어보는 표현이다.

　A : What's new?　　　　　　　　　뭐 새로운 거 있니?
　B : He will marry Dana tomorrow.　그가 다나와 내일 결혼한대.

3 That's a good idea. 좋은 생각이야!

★ 상대방의 생각에 동의할 때 사용한다.
비슷한 표현들은 다음과 같다.

예 That's it. 바로 그거야!

Sounds great. 좋아요.

You're right. 당신이 옳아요.

I think so. 저도 그렇게 생각해요.

뿌듯~! 고양이 티셔츠!!!

대표적인 「위치 표현 전치사」는 다음과 같다.

in ~	~의 안에	in front of ~	~의 앞에
next to ~	~의 옆에	behind ~	~의 뒤에
under ~	~아래에	on ~	~의 위에

a book **in** the box

상자 **속의** 책

a book **in front of** the box

상자 **앞에** 있는 책

a book **next to** the box

상자 **옆의** 책

a book **behind** the box

상자 **뒤의** 책

a book **under** the box

상자 **밑의** 책

a book **on** the box

상자 **위의** 책

집 안에서 배우는 단어

❶	dining room	식당		❼	chair	의자
❷	bathroom	욕실		❽	fireplace	난로
❸	bedroom	침실		❾	quilt	침대커버
❹	kitchen	부엌		❿	pillow	베개
❺	basement	지하실		⓫	table	테이블
❻	stair	층계		⓬	drawer	서랍

10

오늘 영화 한 편 어때?

How about a movie tonight?

SITUATION 1

Do you have tickets for *"The Phantom of the Opera"* for tonight?

How many seats?

Two.

You are lucky. These are the last two tickets. This show is so popular.

That's great.

word club

* ticket	표, 티켓	* lucky	운이 좋은
* phantom	유령	* show	흥행, 쇼
* tonight	오늘밤	* popular	인기있는
* how many	얼마나 많은(수)	* seat	좌석, 자리

표 있어요~!

해석

그레이스	오늘 밤 "오페라의 유령" 티켓이 있습니까?
직원	몇 분입니까?
그레이스	두 사람입니다.
직원	운이 좋군요. 이것이 마지막 두 장입니다. 이번 공연은 매우 인기있죠.
그레이스	좋아요.

☐ how many　얼마나 많은 (수의)~　　☐ the last + 명사　최후의~

　　how much　얼마나 많은 (양의)~

 How about a movie tonight?

That sounds good. What's the title?

Harry Porter.

Great. How long is the movie?

About 2 hours.

 word club

★ title   제목
★ how long   얼마나 오래
★ hour   시간

해석

스티브	오늘밤 영화 한 편 어때?
유리	좋지. 제목이 뭔데?
스티브	해리 포터.
유리	너무 좋아. 상영시간이 얼마나 되지?
스티브	2시간 정도야.

☐ sound+형용사   ~하게 들리다, ~처럼 들리다

☐ about~   대략, 약~

1 This show is so popular.   이 공연은 인기가 좋습니다.

popular   인기 있는   ⟷   out of fashion
in fashion 유행하고 있는   유행이 지난

예 This skirt is in fashion.   이 스커트는 유행중이다.

This skirt is out of fashion.   이 스커트는 유행이 지났다.

2 How about a movie tonight?   오늘 밤 영화 한 편 어때?

how about ~ ?   ~은 어때?

How about a game of Star Craft?   스타크래프트 게임 한 판 어때요?

How about taking a walk?   산책하는 거 어때요?

3 What's the title?   제목이 뭡니까?

★ 당연히 본문대화〈P158참조〉에서는 영화 제목을 의미한다.

예 What's your job?   직업이 뭡니까?

★ It's two-o-five.
2시 5분입니다.

★ It's three o'clock.
3시 정각입니다.

★ It's four forty.
4시 40분입니다.

★ It's a quarter past five.
5시 15분입니다.

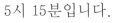

★ It's seven thirty-five.
7시 35분입니다.

★ It's half past nine.
9시 30분입니다.

★ It's nine fifteen.
9시 15분입니다.

★ It's five to eight.
8시 5분전입니다.

★ It's noon.
정오입니다.

★ It's a quarter to seven.
7시 15분전입니다.

■ quarter	1/4 → 15분	■ past~ ~지난
■ half	1/2 → 30분	■ to~ ~를 향해 가는

전치사 (of / for / on / at / in / with) 를 이용해서 다양한 표현을 만들어낼 수 있다.
대표적으로 사용되는 몇 가지만 살펴보자.

1 A of B

B의 A
B가운데에서 A

예　a friend of mine　　내 친구

　　a lack of money　　자금 부족

2 A for B

B에 대한 A
B를 위한 A

예　time for lunch　　　　　　　점심시간

　　the reason for the accident　사건의 원인

3 on~

~에 대한
직접적 관련성

예　a tax on tobacco　담배에 붙는 세금

　　attack on Iraq　　이라크 침공

162

4   at ~

~에서
특정한 것(시점)

예 at this moment   이 시점에서

success at golf   골프에서 성공함

5   in~

~안에
~에 있어서

예 interest in art   미술에 대한 흥미

an apple in the box   상자 속의 사과

3   with~

~와 함께
~을 가지고

예 with my friend   내 친구와 함께

study with this book   이 책으로 공부하다

여보세요, 저는 그레이스입니다.

Hello, this is Grace speaking.

SITUATION 1

 Hello, this is Grace speaking.

 Hello, Grace.

This is Su-mi.

I'm calling to ask something.

Tomorrow is my birthday.

Would you mind coming to my house?

 Never mind.

Thank you for inviting me.

word club

* speak   말하다
* invite   초대하다
* ask   묻다
* mind   꺼려하다 / 마음, 정신

해석

그레이스	여보세요, 저는 그레이스입니다.
수미	안녕 그레이스. 나 수미야. 한 가지 물어보려고 전화했어. 내일이 내 생일이거든. 우리 집에 와 주지 않겠니?
그레이스	물론이지. 초대해 줘서 고마워.

warming up

☐ to ask something
어떤 것을 물어보려고

☐ come to my house
우리 집으로 오다

☐ mind + 명사/~ing
~하기를 꺼려하다

☐ Thank you for + 명사/~ing
~에 대해 고맙다

American Express.
May I help you?

This is Susan of Samsung Electronics.
May I speak to Mr. Brown, please?

Hold the line, please.
I'll connect you to Mr. Brown.

Thank you.

word club

* secretary   비서
* American   미국의
* help   돕다
* electronics   전자 공학

* hold   잡다
* line   끈, 선
* connect   연결하다

해석

비서	아메리칸 익스프레스입니다. 무엇을 도와 드릴까요?
수잔	저는 삼성전자에서 근무하는 수잔입니다. 브라운 씨 좀 바꿔주시겠어요?
비서	**잠깐만 기다려 주세요.** 연결해 드리겠습니다.
수잔	감사합니다.

☐ American Express	아메리칸 익스프레스 (신용카드회사)
☐ Susan of Samsung Electronics	삼성전자에 근무하는 수잔
☐ connect A to B	A를 B와 연결하다

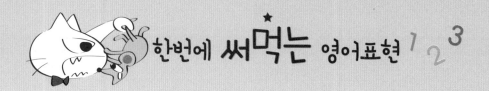

1 Hello, this is Grace speaking.　　여보세요, 저는 그레이스입니다.

★ 전화상, 「여보세요 Hello」라고 한 다음에 「저는 ~입니다」라고 할 때
This is ~ speaking.이란 표현을 쓰는데, speaking은 생략되기도 한다.
I am Grace라는 표현은 사용하지 않는다.

예 Who's calling, please?　　당신은 누구세요?　전화상에서
　　This is Peter (speaking).　　저는 피터입니다.　　〃

2 I'm calling to ask something.　　궁금한 게 있어서 전화했어요.

to ask something　먼가 물어보기 위해서

★ to+동사원형은 여러가지 의미로 사용될 수 있다.

to 동사원형　~하기 위해서/ ~하는 것

~하기 위해서　I go home to watch TV.　　TV를 보기 위해서 집으로 간다.

~하는 것　It is not good to watch TV a lot.　TV를 너무 많이 보는 것은 좋지 않다.

11

3 Hold the line, please.

잠깐만 기다려 주세요.

★ 일상 용어와 전화상의 용어는 차이가 있다.
일상 생활에서 만약 똑같은 말을 하고 싶다면 'Wait a moment' 정도가 될 것
이다. 받고 있는 전화를 끊지 말아달라는 뜻이다.

만약 다른 사람과 통화중일 때에는 다음과 같이 이야기한다.

예 Her line is busy.   그녀는 지금 통화중입니다.

= She's on the phone.   〃

전화 왜 안받아!

♪♫ 전화왔숑~

May I speak to Mr. Brown, please?   브라운 씨 좀 바꿔 주시겠습니까?

전화상에서 가장 많이 쓰이는 표현이다.

~씨 좀 바꿔 주세요 라는 표현은 다음과 같다.

May I speak to~? = Can I speak to~?

이에 대한 대답으로는 두 가지가 올 수 있다.

This is Tom (speaking).   네. 접니다.(제가 탐입니다.) **자신일 때**

Hold the line, please.   잠깐만 기다리세요. **다른 사람에게 연결해 줄 때**

🧶 그 밖의 알아두어야 할 전화 용어

1 누구세요?

   Who's calling, please?

2 전화 잘 못 거셨습니다.

   You have the wrong number.

3 나중에 다시 전화 드리겠습니다.

   I'll call back later.

4 전하실 말씀이 있으십니까?

   May I take a message?

★ listen to music 음악을 듣는다

★ watch TV　　　　TV를 본다

★ play soccer　　 축구를 한다

★ go on a date　 데이트를 한다

★ see a movie　　 영화를 본다

★ go shopping　　 쇼핑을 한다

★ go on a picnic　 소풍을 간다

★ do the laundry 세탁을 한다

★ read a book　　 책을 읽는다

★ clean the room 방청소를 한다

12 탈의실은 어디에 있나요?

Where is the fitting room?

SITUATION 1

May I help you?

I'd like to buy a skirt.

What color would you like?

Black, please.

This one is popular now.

May I try this skirt on?

Sure.

Where is the fitting room?

This way, please.

word club

* color 　　색상
* popular 　유행하는

* try on 　　　입어보다
* fitting room 탈의실

해석

종업원	무얼 도와 드릴까요, 손님?
티파니	스커트를 하나 사고 싶은데요.
종업원	어떤 색상을 좋아하시죠?
티파니	검정색이요.
종업원	이게 요즘 유행하는 거예요.
티파니	**이 스커트 한 번 입어봐도 될까요?**
종업원	물론이죠.
티파니	**탈의실은 어디에 있나요?**
종업원	이쪽으로 가세요.

☐ May I help you? 도와 드릴까요? ☐ what color 어떤 색상

☐ would like to~ ~하고 싶다

Hey, Mary! Come on.
What about this jacket?

Looks good!
Excuse me. How much is this?

It's 90 dollars.

Ninety dollars?
Well, thanks anyway.
It's too expensive.
We're just looking.

word club

★ bad	나쁜 / 심한	★ anyway	어쨌든
★ ninety	90	★ expensive	비싼
★ dollar	달러	★ look	보다

스티브   메리야! 이리 와 봐.
             이 재킷 어떠니?

메리   좋아 보이는데!
             실례지만, 이것 얼마죠?

종업원   90달러입니다.

메리   90달러라구요? 어쨌든, 고마워요.
             너무 비싸군. **그냥 볼께요.**

warming up

☐ What about~? = How about~?   ~는 어때?

☐ Looks good! = It looks good!   잘 어울려!

☐ expensive 비싼, 돈이 많이 드는   ↔   cheap 값싼

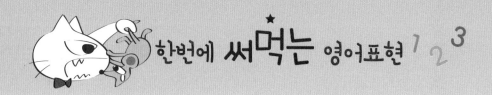

1 May I try this skirt on?　　　이 스커트 한 번 입어봐도 될까요?

try on ≡ put on 한번 입어보다

★try~ on은 「한 번 입어보다」는 뜻으로 여기서는 put on과 유사한 뜻으로 사용되었다.
　단지 한 가지 유의할 점은 입어볼 대상을 try와 on 사이에 둔다.

2 We're just looking!　　　그냥 보는 거예요!

≡ I'm just browsing. ≡ Just looking!

★우리 나라 사람들은 구경만 하는 것을 **아이쇼핑** eye shopping이라고들 한다.
　이것은 잘못된 표현으로 「window shopping」이라고 해야 한다.
　점원이 와서 귀찮게 할 경우에 위의 표현을 사용하거나, 간단하게 「Just looking!」이라고만 해도 좋다.

12

예 A : May I help you?　　뭘 도와 드릴까요?

　　 B : Just looking*!*　　그냥 구경하는 거예요.

회화에 필요한 알짜 문법　　many 와 much

1 **How much is this?** 이건 얼마죠?

how much 얼마나 많이 <셀 수 없는 것>

　　　돈은 수(하나, 둘 ..)의 개념이 아니라 많고 적음으로 나타낸다.

how many 얼마나 많이 <셀 수 있는 것>

예 **How many** people are there?　　거기에 얼마나 많은 사람이 있어요?

How much sugar do you have?　　얼마나 많은 설탕을 가지고 있니?

2 **many**와 **much**의 반대말

| many | 많은 (수) | ⟷ | few | 거의 없는 (수) |
| much | 많은 (양) | ⟷ | little | 거의 없는 (양) |

예 I have **many** friends.　　나는 많은 친구가 있다.

I have **few** friends.　　나는 친구가 거의 없다.

예 I have **much** money.　　나는 많은 돈을 가지고 있다.

I have **little** money.　　나는 돈이 거의 없다.

숫자를 세어보자!

① one　　⑪ eleven
② two　　⑫ twelve
③ three　　⑬ thirteen
④ four　　⑭ fourteen
⑤ five　　⑮ fifteen
⑥ six　　⑯ sixteen
⑦ seven　　⑰ seventeen
⑧ eight　　⑱ eighteen
⑨ nine　　⑲ nineteen
⑩ ten　　⑳ twenty

★첫 번째　1st　first
★두 번째　2nd　second
★세 번째　3rd　third
★네 번째　4th　fourth
★다섯 번째　5th　fifth
★여섯 번째　6th　sixth
★일곱 번째　7th　seventh
★여덟 번째　8th　eighth
★아홉 번째　9th　ninth
★열 번째　10th　tenth
★열한 번째　11th　eleventh
★열두 번째　12th　twelfth
★열세 번째　13th　thirteenth

13

주문하시겠어요?

May I take your order, please?

May I take your order, please?

Yes, please. I'll have the salmon.
What is the soup of the day?

Clam chowder.

Great. I'll have that and a salad.

What kind of dressing would you like?

Italian Dressing, please.

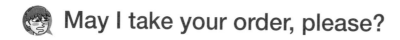

word club

* order   주문
* salmon   연어
* soup   수프
* clam   대합조개

* chowder   잡탕요리
* dressing   드레싱
* salad   샐러드

음식점에서

메뉴판에 있는거 다 주세요!

해석

종업원	주문하시겠습니까?
스티브	네. 연어로 하겠습니다. 오늘의 수프는 뭐죠?
종업원	조개요리입니다.
스티브	좋아요. 그것하고 샐러드도 주세요.
종업원	드레싱은 뭘로 하시겠습니까?
스티브	이탈리안 드레싱으로 주세요.

- [ ] take order 주문을 받다
- [ ] the soup of the day 오늘의 수프
- [ ] what kind of dressing 어떤 종류의 드레싱
- [ ] Italian Dressing 이탈리안 드레싱

• Honey mustard dressing
허니 머스터드 드레싱

181

Welcome to McDonald's.
May I take your order?

I'd like a Shrimp Burger and an Apple Pie.

Yes.
Anything to drink?

One large Coke, please.

Here or to go?

Here.
How much is it?

That comes to 6 dollars altogether.

해석

종업원	어서 오세요. 맥도날드입니다. 주문하시겠습니까?
티파니	새우버거 하나와 애플파이 하나 주세요.
종업원	네. 음료수는 필요하지 않나요?
티파니	콜라 큰 걸로 한 잔 주세요.
종업원	여기서 드실 건가요, 가지고 가실 건가요?
티파니	여기서 먹고 갈 거예요. 얼마예요?
종업원	6달러입니다.

☐ **Welcome to~** 어서 오세요 / 환영합니다
 • Welcome to Seoul.
   서울에 오신 것을 환영합니다.

☐ **order** 주문

☐ **anything to drink** 마실 것

☐ **how much** 얼마나 많이

☐ **come to** ~에 달하다 (도달하다)

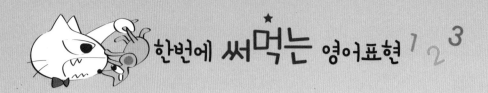
1 May I take your order, please?　　　　　　주문하시겠어요?

★ 웨이터나 점원이 손님에게 주문받을 때 사용하는 표현이다.
반대로, 손님이 주문하고 싶을 때에는 다음과 같이 이야기한다.

Can I give you an order?　주문해도 될까요?

주문받아냐옹~

헉!

2 What is the soup of the day?　　　오늘의 수프는 무엇인가요?

the soup of the day　오늘의 수프

예 이 식당에서 가장 잘 하는 음식은 무엇입니까?
What's the specialty of this restaurant?

3 알아두어야 하는 다른 표현들

★스테이크
well-done 완전히 익힌
medium 중간 정도로 익힌
rare 살짝 익힌

A : How would you like your steak?   스테이크를 어떻게 드시겠어요?
B : Well-done, please.   많이 익혀 주세요.

★각자 계산합시다.

Let's go dutch.
≡ Let's go fifty-fifty.

각자 계산합시다.
더치페이하자!

★여기서 드실 건가요, 가지고 가실 건가요?

A : Here or to go?   여기서 드실 건가요, 가지고 가실 건가요?
B : ─ Here.   여기서 먹을거예요.
     └ To go.   가져갈거예요.

① **Here or to go?** 여기서 드실 건가요, 가지고 가실 건가요?

보통 패스트푸드점(fastfood reataurant)에서 많이 사용하는 표현이다.
먹고 갈 수도 있고, 가지고 가기도 한다.

② **That comes to 6 dollars altogether.** 모두 합해서 6달러입니다.

come to ~ 　　　~에 달하다

문장을 직역하면, 「그것은 모두 6달러에 달합니다.」이다.

③ 그 외에 알아두어야 할 표현들

① 그것이 전부입니까? (점원이 손님에게)	Will that be all?
② 화장실이 어디죠?	Where can I wash my hands? = Where are the rest rooms?
③ 마음껏 드세요.	Help yourself, please.
④ 배가 불러요.	I'm full. = I've had enough.
⑤ 이 자리에 사람이 있나요?	Is this seat taken? = Is this seat occupied?

쉬엄쉬엄

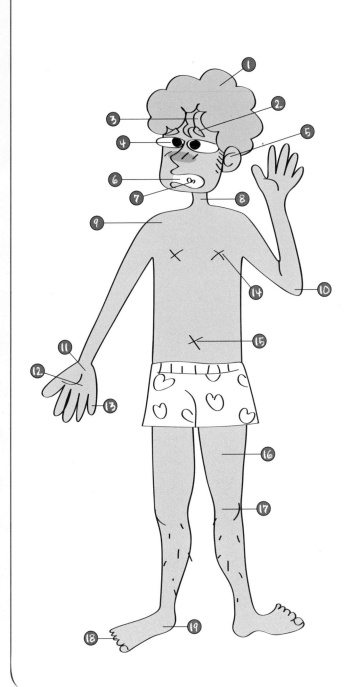

❶	hair	머리카락
❷	eyebrow	눈썹
❸	forehead	이마
❹	eye	눈
❺	ear	귀
❻	mouth	입
❼	throat	목구멍
❽	neck	목
❾	shoulder	어깨
❿	elbow	팔꿈치
⓫	hand	손
⓬	palm	손바닥
⓭	finger	손가락
⓮	breast	유방
⓯	navel	배꼽
⓰	thigh	허벅지
⓱	knee	무릎
⓲	toe	발가락
⓳	heel	발꿈치

디지스 영어

카카오플러스에서 1:1 상담으로
함께 공부하세요!

알파벳부터 30일만에 끝나는

영어
첫걸음
GO!

30일 완성

KakaoTalk
P 플러스친구
1:1상담

저자 손은진
1판 1쇄 2018년 9월 10일   발행인 김인숙   발행처 디지스
Editorial Director 김인숙   표지·내지 디자인 김미선
Printing 삼덕정판사

139-240
서울시 노원구 공릉동 653-5

대표전화 02-967-0700
팩시밀리 02-967-1555
출판등록 제 6-694호
ISBN 978-89-91064-82-9

Digis는 디지털 외국어 학습을 실현합니다.